플랜팅 시드 : 교회를 심는다

KB192914

PLANTING SEED

플랜팅 시드

: 교회를 심는다

홍민기

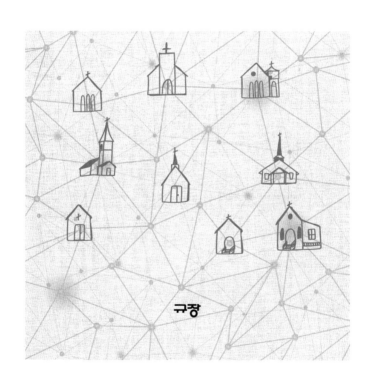

규장

씨앗을 심지 않고

열매를 기대하는 것만큼 어리석은 일은 없다.

개척은 씨앗을 땅에 심는 것과 같다.

씨앗을 심었대도 땅의 겉모습은

씨앗이 없는 땅과 비슷하다.

하지만 결과는 완전히 다르다.

씨앗을 심은 땅에는 생명이 숨 트고 있다.

교회를 심는 일은

아무것도 보이지 않는 땅에

씨앗을 심는 것과 같다.

믿음과 꿈을 안고 시작해도

분명 심어진 씨앗인데, 잘 보이질 않는다.

개척을 준비할 때 가졌던 뜨거운 마음과 비전은

겨울을 맞이하는 나뭇잎처럼

하나둘씩 힘없이 떨어진다.

그러나 개척자는 오늘도 절실히 필요하다.

이미 많은 교회가 있는데

왜 또 하나의 교회가 필요하냐고

질문할 수도 있겠지만,

새로운 시대에는 항상 새로운 공동체가 필요했다.

라이트하우스무브먼트는 그 새로운 시대의 부름이다.

라이트하우스무브먼트는 교회 개척 운동이다.

한국교회의 모든 교회가 정말 최선을 다한다.

집회를 다녀보면 모두 애를 쓰고 열심히 한다.

기존 교회는 기존 교회의 부르심이 있다.

그러나 개척교회를 기존 교회처럼 준비하면 안 된다.

새로운 시대에 맞게 목회자의 은사를 발휘하여

소중하고 건강한, 새로운 공동체를 심어보자.

이제 5년을 맞이한 라이트하우스무브먼트에

모든 정답이 있을 리 만무하다.

그저 우리가 갔던 길과 고민들을 이 책에 나누었다.

그리고 개척자들을 진심으로 응원하고 싶은,

그 마음을 담았다.

혼자 너무 고립되지 말고

국밥이라도 나누었으면 좋겠다.

찾아오시는 목사님들과 밥을 나누며 대화를 해보면

사실 놀라운 희망이 보인다.

한 분 한 분 모두 소중한 길을 걷고 계신다.

그리고 기성교회에 부임하여

새롭게 목회를 펼쳐가는 목사님들도

참 귀하고 소중하다.

그 분들의 발걸음 역시 너무나 소중한 길 위에 서 있다.

한국교회는 쉽게 무너지지 않을 것이다.

교회의 머리 되신 예수그리스도께서
사랑하시는 공동체와
오늘도 거룩을 위해 몸부림치는
수많은 성도가 있기 때문이다.

라이트하우스무브먼트의 26개 교회 담임목회자와
모든 사역자들에게 깊은 사랑과 우정을 표한다.
콩 하나 있으면 나누어 먹자고 시작했던 무브먼트가
이 짧은 시간 동안 이렇게 많은 곳에
교회를 세울 수 있으리라고는 상상도 못 했다.
하나님이 하시는 일이기에 가능했다고 믿는다.

이 책에 동역하는 모든 사역자를 다 담지 못함에
이해를 구한다.
그저 몇 교회를 샘플로 나누었다.

오늘도 개척의 꿈을 꾸며 기도하는 모든 목회자들과
개척의 자리에서 최선을 다하는 성도님들과

그 자리에서 함께 눈물 흘리며 헌신하는 목회자들에게
힘찬 응원을 보낸다.

오늘도 교회를 심는다.

송정 바다 앞에서

홍민기 목사

프롤로그

chapter 1   플랜팅 시드 〰 12
핑크빛에서 잿빛으로 • 흰 도화지 • 맨땅에 개척

chapter 2   하드웨어가 아니라 콘텐츠 〰 32
하드웨어에서 사람으로 • 메시지는 홈런을 쳐야 한다
돈 들지 않는 일부터 준비하라

chapter 3   라이트하우스 이야기 〰 52
세상에 빛을 비추는 집 • 우리의 고백

chapter 4   핵심 가치와 예배 디자인 〰 76
핵심 가치 세우기 • 예배 디자인하기

chapter 5   라이트하우스의 핵심 가치 〰 86
Lordship : 오직 주님만이 주인이시다
Inspiration : 신령과 진정으로 드리는 예배
Generate : 교회는 성도를 세우고 성도는 교회를 세운다

Hope : 긍휼과 선교로 소망을 주는 공동체
Transformation : 끊임없는 변화와 변혁

chapter 6 첫 번째 고비 넘기기 ~~~ 144
맨땅에서 성도 20명 세우기까지
사람이 모이는 공동체가 되려면 • 조직 구성하기

chapter 7 함께하면 행복한 개척 공동체 ~~~ 162
개척 훈련 학교 플랜팅 시드 • 행복이 영성이다

chapter 8 위기를 이기고 전진 ~~~ 178
위기 없는 사역은 없다 • 성도들이 떠날 때
작은 천국의 퍼즐

chapter 9 새로운 교회를 꿈꾸며, 그래도 개척! ~~~ 196
따뜻한 피난처 • 그래도 개척 • 교회를 낳는 교회

에필로그

CHAPTER

1

플랜팅 시드

PLANTING SEED

교회 개척을 앞둔 목회자들은 저마다 '핑크빛' 꿈을 꾼다. 자신이 교회를 시작하기만 하면 갈급한 영혼들이 몰려올 것으로 생각한다. 하지만 핑크빛 꿈을 꾸면 절망의 늪에 빠진다.

100개의 교회가 개척하면 그중에 한두 교회만 살아남는다고 하니, 현실이 얼마나 녹록지 않은지 짐작할 만하다. 개척 예배 때는 많은 분이 축하해주기 위해 참석해주지만, 그다음 주부터는 아무도 오지 않는다.

교회 개척 준비가 제대로 되지 않은 상태에서 무작정 개척한 후 성도를 기다리는 일이란 상상 이상으로 고통스럽다.

그렇게 현실을 감당하면서 성도를 기다리다 보면, 마

음에 상처를 입었거나 섬김이 많이 필요한 아픈 성도들이 한 명 한 명 찾아온다. 한 영혼이 교회를 찾아준 기쁨과 더불어 고통과 슬픔, 상처를 안고 찾아온 성도를 어떻게 대해야 할지 마음에 갈등이 시작된다.

앞날은 보이지 않고 임대료 내는 날은 어김없이 다가온다. 현실은 냉혹하다 못해 절망스럽다. 핑크빛이 어느새 잿빛으로 물들고 있다.

정말 하고 싶은 교회가 있나요?

그래서 개척을 준비하는 분들이 찾아오면 묻는 말이 있다.

"정말 하고 싶은 교회가 있나요? 어떤 교회를 하고 싶으셔요?"

그러면 많이들 이렇게 대답한다.

복음적인 교회, 다음세대를 위한 교회, 예배가 축제인 교회….

물론 좋은 교회에 대한 정답들이다. 하지만 좋은 대답

은 아니다. 개척교회는 기존 교회가 잘못하기 때문에 세워지는 것이 아니라 시대에 맞는 새로운 공동체가 필요하기에 세워지는 것이기 때문이다. 새로운 공동체는 항상 필요하다.

> 개척교회는 기존 교회의 잘못을
> 바로잡기 위해서가 아니라
> 시대에 맞는 새로운 공동체가
> 필요하기 때문에 세워진다.

기성교회에 대한 불만으로는 교회 개척을 할 수 없다. 분노와 상처로는 좋은 교회를 세울 수 없다. 지금까지 흔하게 본 교회의 지향점과 달라야 개척교회의 매력이 발산된다.

또 하나의 교회

우리나라 치킨 시장을 한마디로 표현하면 이렇다.

"치킨 공화국에서 벌어지는 치킨 게임."

치킨집을 개업한 점주에게 그 사업은 새로운 일이지만, 소비자에게는 그저 또 하나의 동네 치킨집일 뿐이다.

많은 개척교회도 그렇게 받아들여진다. 개척자는 새로운 교회를 하겠다는 포부로 개척을 한다. 그들은 똑같은 표어와 예배, 비슷한 프로그램을 새로워 보이는 포장지로 포장하여 '새로운 교회'라고 말하지만, 전혀 새롭게 느껴지지 않는다. 그저 또 하나의 교회일 뿐이다. 기존 교회에 비해 사람이 현저히 없다는 게 다른 점일 뿐이다. 이렇게 해서는 개척교회가 살아남을 수 없다.

새로운 시대에는 새로운 교회가 필요하다. 기존 교회가 가지고 있던 전통적인 지향점도 물론 필요하지만, 새로운 교회를 찾는 영혼들을 위한 새로운 패러다임의 교회가 필요하다.

비교적 안정적인 지원을 받고 개척한 교회도 살아남기 쉽지 않은 이유 역시, 똑같은 접근과 방식을 답습하기 때문이다. 그렇기 때문에 교회 개척을 위해서는 구체적인 준비가 필요하다.

지금까지는 개척 멤버와 예배 장소를 마련하는 게 교회 개척 준비의 전부였다. 그러나 가장 먼저 준비할 것이 있다. 목회자의 은사를 분명히 파악하고 대상 성도를 정해 지역을 향한 새로운 접근을 시도하는 것이다.

맨땅에 헤딩

5년 전 '모이는 교회'와 '흩어지는 사명'을 고민하며 시작된 교회 개척 운동이 '라이트하우스무브먼트'다. 어두운 세상에 빛으로 세워지는 공동체, 새로운 시대에 새로운 교회를 개척하는 운동을 표방한다.

라이트하우스무브먼트는 개척교회 준비의 가장 기본이자 전부로 알려진 건물과 개척 멤버 없이 '맨땅에 헤딩'한다. 하나님이 보내주시는 사람들과 첫 예배를 드리고, 그분들과 교회를 세워간다. 무모하리만큼 주님이 주인 되시는 공동체를 세우고 지켜가기 위해 몸부림을 친다.

건물 없이 시작하기 때문에 임대나 인테리어 과정을 과감하게 생략한다. 주일에 영업하지 않는 카페나 회사 강당, 사무실 등 임대료 부담 없이 모일 수 있는 장소에서 시작한다. 초반의 투입 비용을 최소화해서 개척 직후 재정의 어려움에 당면하게 하지 않기 위해서다.

교회를 개척할 때 '공간'부터 고민하면 재정에 대한 압박이 클 수밖에 없다. 그러면 마음이 조급해지고 기쁨이 줄어든다.

건물도 없는 개척교회에 누가 오겠냐고 하겠지만, 어차피 모든 이들이 올 교회는 없다. 성도들은 자기에게 맞는 교회를 찾아가기 마련이다. 좋은 건물을 지향하는 성도는 큰 교회에 가면 된다.

다시 말하지만, 개척교회가 실패하는 가장 큰 이유는 준비와 접근이 기존 교회와 같기 때문이다. 기존 교회처럼 번듯한 장소를 마련하기 위해 애쓰고 그럴듯한 프로그램을 구성하는 데 심혈을 기울이지만, 개척교회 입장에서는 기존 교회보다 좋은 건물, 좋은 프로그램을 마련하기가 힘들다. 그러니 성도 입장에서는 개척교회를 선택할 이유가 없는 것이다. 아무리 열심히 준비해도 기존 교회와 똑같은 접근으로는 살아남기 어려운 이유다.

강점으로 승부하라

하나님께서는 목회자 각자에게 각각의 은사를 주셨다. 라이트하우스무브먼트에서 함께하고 있는 목사들도 은사가 각기 다 다르다. 성경공부를 잘 이끄는 분, 소그룹 전문가, 설교의 은사가 있는 분, 청년들을 향한 접근이 탁월한 분 등 저마다 강점이 다르다.

단점을 고칠 시간은 없다. 강점으로 승부하면 된다. 자신의 강점으로 대상 성도를 명확하게 두고 준비한다. 구체적인 접근이 필요하다. 핑크빛 꿈을 접고 잿빛의 미래로 힘차게 나아가면 된다. 힘들고 어려울 것이다. 그러나 반드시 이 길을 가야만 한다. 새로운 시대에는 새로운 교회가 필요하기 때문이다!

핑크빛 꿈을 접고
잿빛 현실을 향해 뚜벅뚜벅 걸어가자.
새로운 시대에는 새로운 교회가 필요하다.

흰 도화지

인생은 마음대로 되지 않는다. 나는 무언가를 계획하고 만들어내는 것을 좋아한다. 아니, 좋아했다. 그러나 그런 나의 성향을 내려놓고 그저 주님이 인도하시는 대로 살기로 했다.

깊은 바닥에서 하나님께 다시 한번 붙잡혔다. 그때 하나님은 이렇게 말씀하셨다.

'너 잘하는 것 해라.

나만 믿고 선교지를 다녀라.

그리고 위로해라.'

그때 선교지 곳곳에서 초청이 왔고, 계속 선교지를 다

니게 됐다. 그러다 보니 주위에서 나를 '순회 선교사'라고 부르기 시작했다. 그렇게 4년을 열심히 다녔다.

'선교지와 디아스포라를 위하여 살아야겠다.'

처음으로 교회 사역을 하지 않고 순회 선교와 말씀 전도자로만 살기 시작했다. 그때 '순회 선교 하면서 순교할 수 있으면 좋겠다'라는 생각도 많이 했다. 이런 생각을 했기 때문인지 늘 모든 사역마다 '이것이 마지막 사역'이라고 생각하며 다녔다.

개척 말고 선교하게 해주세요…!

유럽을 순회하며 체코에서 독일 드레스덴으로 향하고 있을 때였다. 체코의 교통경찰들이 특히 관광객 대상으로 벌금을 잘 매긴다는 소문은 들었지만, 지금까지 단속되지 않고 잘 다녔는데 그날은 경찰차가 쫓아와서 차를 멈춰 세우는 게 아닌가.

결국 통행을 위한 허가증이 없다는 이유로 벌금을 내고 침울하게 드레스덴으로 향했다. 그 길 위에서 뜬금없이 하나님이 교회에 대한 생각을 주셨다.

기존 교회와 좀 다른, 새로운 교회를 찾는 성도들을 위해 기존 교회에서 접근하기 쉽지 않은 새로운 시도를 하는 공동체를 고민하라는 마음을 주신 것이다.

나는 순간적으로 고개를 절레절레 젓고는 재빠르게 이렇게 기도했다.

'주님, 저는 순회 선교하다가 순교하게 해주세요!'

4년 가까이 여러 나라를 열심히 다니며 '이렇게 사역하다 죽어도 좋을 만큼' 순회 선교 사역이 기쁘고 좋기도 했지만, 내가 오랫동안 청소년 사역을 해왔는데 다음세대의 영적 부흥을 위해 그들이 아는 목사가 순교를 하면 어떨까, 그러면 영적인 각성이 일어나지 않을까, 내가 그 주인공이 되면 좋겠다는 소망이 생겼었다.

그러나 이미 마음에 메시지를 주신 주님은 일을 진행하고 계셨다.

이미 일하고 계신 하나님

나는 한국으로 돌아와 동역자들과 모여 교회 개척에 대한 이야기를 나눴다. 그들은 크게 반기며 교회 개척을 해야 한다고 이구동성으로 환호했다. 그때부터 기도가 시작되었다.

'그래, 어차피 나는 흰 도화지다!'

예전에 기도하면서 주님께 드렸던 고백이 떠올랐다. 그때 마음이 힘들어 올라간 기도원에서 하나님은 시편 23편 1절의 말씀을 주셨다.

"여호와는 나의 목자시니 내게 부족함이 없으리로다."

그때의 나는 이 말씀을 받아들이기 너무 어려운 상태였다. 그러나 기도할 때마다 주님은 이 말씀을 주셨고, 나는 시편 23편을 다시 공부하고 깊이 묵상하면서 "흰 도화지처럼 살겠습니다. 하나님이 쓰시면 제가 따라갈게요"라는 기도를 드렸었다.

라이트하우스무브먼트는 우리의 생각이 아니다. 하나님께서 흰 도화지에 글을 쓰시면 우리는 정말로 한 걸음씩 따라갔다. 처음부터 모든 계획이나 생각을 가지고 시작한 것이 아니라 한 걸음씩 주께서 인도하신 것이다.

흰 도화지는 점점 채워져갔고, 우리는 준비했다.

그렇게 개척이 어렵다는 생각이 팽배할 때, 개척을 시도하기 위해 방법을 찾기 시작했다.

저는 흰 도화지니

주님이 원하시는 대로

주님이 써 내려가 주옵소서.

제가 따라가겠습니다.

막막함을 피하지 않고, 정면 승부

앞에서도 말했듯이 보통은 개척을 준비할 때 장소 임대를 먼저 준비하지만, 우리는 주일에만 잠깐 빌려서 쓸 수 있는 장소를 물색했다. 그리고 개척 멤버를 모으는 대신 일단 기도하면서 예배를 시작하기로 하고, 첫날 보내주시는 성도들과 함께 가는 방법을 택했다.

막막한 방법이었다. 하지만 그 막막함을 피해 가지 않

는 개척을 하기로 마음먹었다. 대부분 개척 후 크게 부흥할 것을 꿈꾸지만, 우리는 현실을 직시하고 후원과 개척 멤버가 없는 개척을 시도했다.

마이크 하나 가지고 라이트하우스 해운대의 첫 예배가 시작됐다. 찬양도, 말씀도 나 혼자 다 했다.

'이게 개척이지.'

핑크빛 미래를 꿈꾸는 대신 현실을 직시하고 단순하게 시도했다.

교회 개척은 모든 게 준비된 채 가나안 땅에 들어가는 게 아니다. 말 그대로 황량한 광야 한복판에 놓인 채 맨땅에 헤딩하듯 시작하는 것에 가깝다.

라이트하우스의 모든 교회가 다 그렇게 시작했지만, 특히 포항교회가 딱 그랬다. 포항은 교회 개척 운동인 '라이트하우스무브먼트'의 다섯 번째 개척지였다.

걱정이 태산

서울신대 시절, 내 강의를 들었던 것을 인연으로 15년 넘게 교제해왔던 박노아 목사를 라이트하우스 해운대로 불러서 함께 사역하고 있었다. 그러다 하나님이 포항에 마음을 주셨고, 박 목사를 담임목사로 포항에 개척을 준비하게 되었다.

박 목사는 성경공부를 이끄는 데 탁월한 은사가 있다. 성경공부 일타강사다. 오랫동안 연구해온 성경을 자신만의 방법으로 이해하기 쉽고 재미있게 전달한다.

하나님이 마음을 주셔서 시작은 했지만, 나도 박노아 목사도 포항에 아무런 연고가 없었다. 그래도 일단, 예배 처소를 찾기 시작했다. 우선 카페를 돌며 주일에 두 시간 정도 장소를 빌려줄 수 있는지 확인했다. 주인들은 처음엔 반색하다가 "임대료 낼 형편은 아닙니다"라고 말할 때면 표정이 어두워졌다.

많은 카페를 돌았지만, 공간을 빌려주겠다는 곳은 하나도 없었다. 낭패였다.

장소는 걱정하지 말고 기도만 하라고 박 목사에게 일러두었는데, 걱정이 컸다. 그때 핸드폰이 울렸다. 잘 알고 지내던 한동대 교수님이었다.

"목사님, 포항에도 교회를 세우셔요? 예배 처소는요?"

그 대화를 시작으로 장소 마련의 물꼬가 트였다. 교수

님이 출석하시던 교회에서 한 건물 6층에 카페를 개업하려 했는데, 진척이 되지 않아 빈 공간으로 남아 있다는 것이다. 할렐루야! 라이트하우스 포항은 그렇게 시작됐다.

오시면 개척 멤버!

이제 기도다. 개척 준비엔 한계가 있다. 라이트하우스는 초반에 공간을 임대하지 않기 때문에 부대시설을 준비할 게 별로 없다. 기도하며 기다리는 것뿐이다. 그 기다림은 설렘과 두려움의 반복이다. 기도로 준비하며 SNS를 통해 정한 날짜와 예배 처소를 공개한다. 문구도 단출하다.

○월 ○일 ○시.
○○에 라이트하우스가 세워집니다.
아무도 없습니다. 오시면 개척 멤버.

우리는 그날 누가 올지 모르는 상태에서 첫 예배를 준비한다. 교회는 그날 오시는 분들과 시작된다.

첫 예배 때 오신 분 중 한 분은 오십 대 여성이었는데, 한 번도 교회를 다녀본 적이 없는 분이었다. 어릴 때 교회를 가고 싶었지만 부모님의 반대로 가지 못했고, 중년의 나이가 되어 교회에 가고 싶어졌다고 한다.

그러다 우연히 기독교 TV 프로그램을 통해 라이트하우스를 알게 됐는데, 포항에서 시작한다는 소식을 듣고 오셨다. 나는 라이트하우스 포항은 이 한 분을 위해서라도 개척되어야 했다고 믿는다.

이제 2년 된 라이트하우스 포항은 이 성도와 함께 아름답게 성장해, 새로운 예배 처소에서 공동체를 세워가고 있다.

버티다 보면 견고해진다

많은 재정을 개척 초기에 투자하지 말라. 공간을 조금 더 예쁘고 멋지게 꾸민다고 해서 사람들이 더 오지는 않는다. 기다림, 그리고 실망의 연속이 개척 초기를 지배하지만, 그 시간이 서서히 목회자를 만들어간다.

그때 기다리는 '한 영혼'은 부교역자 시절 외쳤던 '한 영혼'과 질적으로 다르다. 뼛속 깊이 외치고 또 외치는 '한 영혼'이 개척교회 목사에게 새겨진다.

맨땅에 교회를 개척한 뒤 사람도 없고 재정도 없을 때는 무엇보다 우울하고 외롭다. 뭘 해야 할지 잘 모른다. 심방할 사람도 없고, 예배에 올 사람도 없는데 계속 설교 준비를 하자니 힘들다.

그때 기도원에 가지 마라. 기도굴에 들어가 하염없이 기도하는 대신 먼저 교회를 개척한 선배를 찾아라. 그리고 따뜻한 국밥 한 그릇 얻어먹으라. 수다도 떨고 걱정도 나누며 실컷 떠들다 오자. 사람을 향한 그리움이 조바심으로 이어지지 않도록 누군가를 만나고 마음을 털어놓자.

홀로 기도굴에 들어가지 말고
마음을 털어놓을 수 있는
누군가를 만나라.
국밥 한 그릇 얻어먹을 수 있는

그 사람이 필요하다.

사람을 향한 그리움이 조바심이 되지 않도록.

라이트하우스무브먼트를 시작하면서 가장 중요하게 생각했던 것이 목회자 공동체다. 그 공동체가 가족이 되어 든든하게 함께하면 교회는 살아난다. 개척의 길은 힘들다. 하지만 그보다 힘든 것은 외로움이다. 만남을 통해 외로움을 이겨낼 수 있는 선배 목사를 찾아라. 개척 경험이 있고 어느 정도 자리 잡은, 언제든 국밥 한 그릇 사줄 수 있는 선배가 필요하다. 절대 외로움과 홀로 싸우며 조바심을 키우지 말자.

분립 개척을 부러워할 필요 없다. 분립도 초반에는 힘을 받지만, 개척에 대한 야성 없이 덤비는 분립은 성공하기 어렵다. 처음부터 하나하나 쌓아가고 버티며 얻게 되는 리더십은 쉽게 무너지지 않는다.

하드웨어가 아니라 콘텐츠

2007년, 서울 잠실의 방이동 골목에서 교회를 개척했다. 패기 넘쳤고 자신 있었다. 교회 건물을 찾아 50곳을 넘게 봤다. 재정에 맞추어 장소를 임대하려니, 우울한 마음으로 임대료가 가장 낮았던 골목 지하에서 교회를 시작했다.

지인들의 도움으로 인테리어 공사도 하고, 음향 장비도 아는 장로님의 헌물로 마련했다. 개척지가 어디든 사람들이 올 것으로 생각했다. 하지만 지하에서의 목회는 쉽지 않았다. 교회를 왜 지하에서 시작했냐는 질문을 많이 받았다.

'내가 지하를 선택했나? 지하의 선택을 받은 것인데.'

그 후 지상에 있는 모든 교회를 부러워했다. 상가 건물이라도 2,3층에서 목회하는 분들이 존경스러웠다. 그때까지만 해도 교회 개척에서 위치나 시설이 중요하다고 생각했다.

교회의 중심은 건물이 아니다

세월이 흐르고 다시 개척을 시작할 때는, 건물 없이 개척하기로 했다. 라이트하우스 해운대를 개척하고 얼마 지나지 않아 코로나19 팬데믹이 닥쳤는데, 3년여의 팬데믹 세월을 보내는 동안, 하나님은 건물이 교회의 중심이 아님을 깨닫게 하셨다.

라이트하우스 해운대는 2년 넘게 예배 장소 없이 사역했다. 개척 초기에는 일요일 낮 시간대에 한 고등학교 강당을 빌려서 예배를 드렸는데, 코로나19로 학교가 폐쇄되면서 예배할 곳이 사라졌다.

매주 부산과 경남 지역에서 장소를 빌릴 수 있는 곳들을 닥치는 대로 찾았다. 오래된 호텔부터 나이트클럽까지, 부산 곳곳 안 가본 곳이 없다. 한번은 나이트클럽에서 예배를 드리게 되었는데, 찬양이 시작되자 싸이키 조명이 돌아가는 게 아닌가. 난리가 났다. 그렇게 화려한(?) 예배가 시작되었고, 놀라운 것은 그날도 새신자가 등록을 했다는 것이다.

성도들은 매주 다른 곳에서 예배를 드려도 감동했다. 심지어 끝끝내 장소를 찾지 못해서 야외예배를 드려야 했던 날, 추운 날씨에도 밝은 얼굴로 예배에 참석했다. 그날은 목회자로서 마음이 참 안 좋았다. 구름이 많고 한기가 느껴지는 날이었다. 설교를 시작하면서 "그래도 비는 안 와서 다행입니다"라고 말했는데, 그 말을 하고 한 2분 정도 지났을까, 비가 오기 시작했다.

"후둑, 후두둑, 후두두두둑."

가는 비도 아닌 굵은 비가 쏟아지기 시작했다. 눈앞이 캄캄했다. 그런데 놀라운 일이 벌어졌다.

떨어지는 비에도 성도들은 어느 한 사람도 움직이지 않았다. 바로 옆에 비를 피할 수 있는 처마가 있었는데도 처마에 몸을 숨기지 않았고, 아무 소리 없이 비를 맞았다.

다행히 비는 몇 분만에 그쳤지만, 그날 이후로 예배를 향한 우리의 고백이 달라졌다. 우리가 교회임을, 어디에서든 예배를 드리면 그곳이 교회임을 몸소 경험했고, 진실하게 고백하게 되었다.

지금까지 교회 개척은 하드웨어를 먼저 준비하는 것으로 시작했다. 그러나 시대가 바뀌었다.

나만의 콘텐츠가 필요하다

목회자의 사역의 방향이 준비되면, 어떤 목회를 할지 메시지로 나타나야 한다. 무엇 때문에 이 교회를 시작하는지가 분명하다면, 개척교회는 살아날 수 있다. 어렵다고 생각하면 못 한다. 어려움은 기본 설정값이다. 어려움에 너무 매몰되지 말라. 세상의 가치로 목회를 바라보지 말고 마음을 잡자.

어려움을 어렵게 생각하지 말라.
어려움은 기본이다.
목회뿐만 아니라 세상 어떤 것도
처음 시작이 쉬울 수 없다.

먼저 나만의 콘텐츠가 필요하다. 긍휼, 선교, 전도, 교육 등 여러 분야의 사역 중 하나는 '전문'이어야 한다. 그 분야가 준비되면 방향도 정해진다.

모든 것을 다 잘할 수는 없다. 자신이 잘하는 것으로 승부해야 한다. 단점을 고칠 시간과 에너지로 장점을 극대화하는 것이 승부수다.

특히 젊은이들을 위한 교회를 준비할수록 긍휼과 선교 영역을 강화해야 한다. 젊은이들은 사회와 섬김에 관심이 많다. 교회가 사회적 책임을 감당할수록 그들은 다가온다.

개척을 준비할 때 자신의 장점을 찾아 그 장점으로 승부해야 한다. 하드웨어인 건물과 공간 인테리어에 힘쓸 에너지를 자신에게 투자하는 것이다. 공부하고 준비해서 지향하는 교회를 반드시 이룰 수 있도록 노력하자. 뜬구름 잡는 표어 대신, 실제로 할 수 있는 사역들을 함께 해나가는 공동체를 만들면 생명력이 생긴다.

교회마다 주보에 넘치는 표어들이 있지만, 단순히 외치는 표어들은 감동을 줄 수 없다. 외치는 말이 아닌 느껴지는 감동을 주어야 한다.

새로운 접근이 필요하다

개척교회에서 일반적인 전도는 쉽지 않다. 행복한 사역을 하는 사진과 이미지, 실제적인 이웃 섬김과 감동 있는 사역이 생명력으로 이어진다. 많은 사람이 교회를 떠나고 또 교회를 찾는다. 그들은 교회를 떠난 것이지 하나님을 떠난 것은 아니다. 그런 사람들은 새로운 교회를 찾는다.

어떤 교회를 만들어갈 것인지를 생각할 때, 교회를 떠난 사람들의 생각을 들어볼 필요가 있다. 물론, 모두를 만족시키는 완벽한 교회는 불가능하다. 그럼에도 그런 시도가 방향을 찾는 데 도움이 될 수 있다.

기존 교회와 개척교회의 사역은 다르다. 개척교회는 새로운 교회, 새로운 공동체를 찾는 이들에게 대안이 될 수 있어야 한다.

이미 교회를 개척하신 목회자들도 라이트하우스무브먼트에 부쩍 많이 찾아오신다. 그 분들을 뵐 때마다 "목사님은 어떤 교회를 하고 싶으세요?"라고 질문한다. 하지만 제대로 답하는 분이 거의 없다. 대개 자신이 부교역자로 사역하던 교회처럼 하면 되는 줄 알았다고 고백한다.

하지만 부교역자로 사역했던 교회는 이미 성도들도 있고 많은 것들이 갖춰져 있는 곳이다. 아무것도 없는 맨땅에서 개척하면서 기존 교회와 똑같이 하면 망한다. 하드웨어가 아니라 콘텐츠를 준비해야 한다. 구체적으로.

예를 들어, 긍휼 사역을 잘하는 교회를 하고 싶다면 긍휼 사역을 연구하라. 신학적, 성경적 준비를 하면서 교회의 사명으로 삼으라. 그리고 긍휼 사역을 활발하게 하고 있는 교회와 단체들을 찾아 적용할 수 있는 부분들을 모델링하라.

펼치고자 하는 사역을 구체화할 모델을 구상하고 공동체를 일으킬 계획을 세우면, 지금도 개척은 된다. 개척은 대안적 교회를 하기 위함이 아니다. 모든 교회는 소중하다. 그러나 기존 교회는 이미 갖춰진 시스템이 있어서 새로운 접근을 하기가 쉽지 않다. 그러므로 개척교회는 새로운 방법과 시도를 고민하고 준비하자.

개척하기 어려운 시대라고 한다. 그러나 지금처럼 교회를 찾는 사람이 많은 적도 없었다. 준비하면 살아날 수 있다.

메시지는 홈런을 쳐야 한다

사실 개척교회에서 할 수 있는 사역은 많지 않다. 재정도 없고 사람도 적다. 그러나 개척교회가 반드시 갖춰야 할 게 있다. 바로, 잘 준비된 설교다.

개척교회에서 설교 외에 특별한 경쟁력을 갖기란 쉽지 않다. 처음부터 교육 부서가 준비되기 어렵고, 자원이 부족하기에 이것저것 사역을 활발히 하는 것도 불가능하다.

설교를 잘해야 한다

하지만 설교는 다르다. 설교는 잘할 수 있다. 그리고 잘해야 한다. 다른 것으로 승부를 걸 수 없다.

무엇보다 주일예배 설교 준비에 총력을 다해야 한다. 주중 예배를 기존 교회처럼 운영해야 한다는 압박감을 갖지 말고 대폭 줄이는 것이 중요하다. 혼자 온갖 설교를 준비하면서 주일예배 설교를 잘하기는 어렵다.

새벽예배는 성도들이 자유롭게 와서 기도하는 시간으로 준비하면 좋다. 매일 두세 명의 성도 앞에서 설교를 안 할 수도 없는 애매한 상황을 만들지 말고, 찬양을 틀어놓고 성도들이 자유롭게, 충분히 기도할 수 있도록 한다.

수요예배, 금요예배 등 모든 예배를 기존 교회와 똑같이 하면 오히려 새롭지 않다. 목사 자신이 한 주를 올인해서 준비할 수 있는 설교가 몇 편인지 살피고, 할 수 있는 한두 편 설교에 전심을 다 하라.

유튜브가 활발해지면서 성도들은 새로운 교회를 가기 전에 미리 메시지를 들어보고 교회에 방문한다. 설교가 와닿지 않으면 방문자는 줄어든다. 개척 후 스쳐 지나가는 사람일지언정 한 명이라도 더 와야 교회가 산다. 메시지 준비에 전력을 다하자.

자신만의 설교를 하라

설교는 자신이 잘하는 것을 하면 된다. 강해설교를 하든 주제설교를 하든 상관없다. 다만 절대 유명 설교자를 흉내 내거나 따라 하지 마라. 개척의 강점은 새로움이다. 다소 거칠더라도 자신만의 설교를 하는 게 중요하다.

개척 후 가장 많은 시간을 투자해야 하는 것이 설교 준비다. 심방도 한계가 있다. 일단, 당장 심방할 성도가 그리 많지 않고, 너무 자주 가면 그것도 좋아하지 않는다.

노방전도보다 설교 준비를 하는 게 더 시급하다. 자신만의 설교 준비 루틴을 만들고 충분한 시간을 투자해야 한다. 개인적으로 권하기는, 설교 준비는 월요일 오전에 시작하는 게 좋다. 그때가 주일에 한 설교가 가장 생생하게 기억나는 때이기 때문이다.

월요일을 휴식으로 그냥 보내고 화요일에 출근해서 설교 준비를 시작하기엔, 지난 주일에 설교하면서 느꼈던 장단점들을 기억하기 어렵다. 그러면 장점을 강화하기도, 단점을 보완하기도 쉽지 않다. 그래서 나는 월요일에 쉬는 대신 화요일이나 목요일에 쉬는 것을 추천한다.

월요일에 본문을 정하고 묵상을 시작하면 한 주를 그 말씀의 눈으로 볼 수 있다. 그렇게 되면 한 주 동안 만나는 사람들과 있었던 모든 일이 설교의 소재가 될 수 있다.

매일매일 조금씩 투자해서 묵상과 공부로 준비하다가 금요일에 원고 작업을 하면 좋다. 또한 토요일에 너무 늦게까지 설교 준비를 하지 않도록 하는 것도 중요하다. 그러면 주일예배 때 피곤한 모습으로 성도들 앞에 서게 되기 때문이다. 피곤한 모습은 좋지 않다. 주일에 목사에게 생기가 있어야 공동체 예배도 생기가 돈다.

말씀의 은혜로 부족함을 채워라

한 주에 반나절 정도는 바람도 쐬고 커피도 마시면서 혼자만의 시간을 보내라. 교회를 떠나 생각하고, 밖에서 안을 보는 시간을 갖는 게 좋다. 서점에 가는 것도 좋다. 여러 책을 읽으며 아이디어를 얻을 수 있고 예화도 발견할 수 있다.

개척 후 성도들이 모이기 시작해서 어느 정도 수가 되어도 자신만의 설교 준비 루틴을 지키면서 사역해야 한다. 공간, 시설 등 교회의 부족한 부분을 말씀의 은혜로 채울 수 있다.

목회자 자신도 꾸준히 말씀을 듣고 은혜받는 것을 게을리하지 말라. 성도들이 개척교회를 찾았을 때는 완벽한 예배나 성숙한 설교를 찾는 게 아니다. 그 교회만이 갖고 있는 예배와 설교를 찾는 것이다. 패기 넘치는 젊은 목회자의 말씀 선포가 마음을 사로잡는다.

눈치 보지 말고 최선을 다해 준비한 설교를 펼치면 성도들은 반드시 모인다.

성도들은 완벽한 교회를
찾는 게 아니다.
그 교회만의 예배와 설교가
성도의 마음을 사로잡는다.

개척교회에 성도들이 정착하는 이유는 대부분, 설교 때문이다. 다른 것에 에너지를 쏟지 말고, 꾸준하게 설교에 시간을 투자하는 것이 가장 빠른 길이다.

개척의 적은 조바심이다. 이렇게 해도 되는 건지, 교회가 제대로 세워져 가는 건지 모든 부분에서 조바심이 생긴다. 하지만 조바심이 나를 흔들려 할 때, 흔들리지 말고 설교 준비에 더욱 힘을 내자.

지금 할 수 있는 것을 열심히 하자.

최고의 말씀이 선포될 수 있도록.

안타도 안 된다. 홈런을 치자.

메시지는 홈런을 쳐야 한다.

돈 들지 않는 일부터 준비하라

개척 후 모든 것이 부족할 때 이런 생각이 든다.

'좀 더 나은 시설이 있으면 사람들이 더 오지 않을까?'

그 생각을 쉽게 떨쳐낼 수가 없다. 그러다 보니 선후배 목회자들의 좋은 예배 환경을 부러워하게 되고, 둘러본 다른 교회의 시설을 떠올리며 자신의 목회 현장에 대한 애정이 식는 것 같다.

개척교회에 어쩌다 한 가정이 방문해서 왕처럼 대접하며 마음을 썼는데, 이런 얘기를 들을 때면 그동안 애써 부여잡았던 마음이 와르르 무너진다.

"예배는 너무 좋은데, 아이들 교육시설이 갖춰지지 않아서 고민이 됩니다."

어찌나 속이 상하던지. '당신이 와야 그런 교회를 만들지'라는 생각이 솟구치지만 '웃픈' 얼굴로 "기도해보세요"
라고 얘기하고는 돌려보낸다.

'이러다 우리 교회가 생존할 수는 있을까?'

슬픈 마음이 짓누르는 주일 저녁은 쉽사리 쉼으로 이어
지지 못한다.

돈 들지 않는 것부터

무엇을 배워보려 해도 예산이 들고, 그렇다고 무턱대고
일단 해보려니 뭐부터 해야 할지 더 막막하다. 그러면 어
떻게 해야 하나?

돈 들지 않는 것부터 하면 된다. 자신을 준비시키는 것
이다. 자신을 준비하는 것이 가장 중요하다. 앞에서 나
누었듯이 가장 좋은 설교를 준비하는 게 가장 좋은 시작
이다.

주일학교의 경우에는 지금 있는 아이들에게 집중하면
서 사역을 하는 것이 좋다. 통합예배도 방법이다. 쉽지 않
겠지만 통합예배를 연구하고 다 같이 예배를 드려보자.

미국교회는 예전부터 찬양은 모든 가족이 함께하고 담임 목회자가 강단 앞으로 아이들을 나오게 한 뒤 짧게 어린이 설교를 한다. 그리고 아이들이 나갈 때 성도들이 크게 축복한다. 개척교회 때는 이런 방법도 좋다.

돈이 없으면 아이디어 싸움이다. 아이디어를 내다가 재정 때문에 할 수 없는 것은 잘 묵혀두라. 반드시 사용할 때가 온다. 너무 속상해하지 않는 것이 정신 건강에 좋다.

예배 처소를 꾸미는 일도 중요하다. 라이트하우스무브먼트 동역 교회들은 처음부터 건물을 갖고 시작하지 않는다. 그러다 보니 예배 공간을 꾸미는 일이 쉽지 않다.

그래서 다이소와 이케아를 애용한다. 조금만 발품을 팔고 노력하면 크게 돈 들이지 않고도 세련되게 준비할 수 있다. 최근에 방문했던 한 후배의 교회도 크지 않은 공간을 아주 세련되고 멋지게 꾸며놓았다. 예배 공간을 꾸미는 데 백만 원 정도 들었다고 한다.

할 수 있는 것부터 찾아라. 가만히 있지 말고 자신을 준비하고 교회에서 할 수 있는 사역과 일들을 찾아라.

어두운 생각에 갇히지 말라

어두운 마음이 몰려오면 밖에 나가서 동네 한 바퀴 돌고, 다시 돌아와서 일해라. 어두운 생각 속에 갇히지 않는 게 중요하다.

개척의 적은 고립이다. 혼자 있어서 고립이 아니라 나만의 어두움 속에 갇히는 게 고립이다. 할 수 있는 것들이 생각보다 많다. 돈이 없어서 못 한다고 생각하지 말고, 할 수 있는 것을 찾아라.

이 글을 쓰고 있을 때 한 목사님이 찾아오셨다. 서울에서 여러 카페를 찾아다니다 예배 공간을 빌려주겠다는 곳을 찾았고, 첫 예배를 드렸다고 한다. 그리고 십여 명의 성도들이 함께하기로 했다고 한다. 가슴이 벅차올랐지만, 바로 이런 걱정이 들었다고 한다.

'내가 과연 이분들의 필요를 얼마나 채워줄 수 있을까? 내가 그 필요를 채워주지 못해도 이분들이 함께해줄까?'

두려움이 밀려온 것이다.

어차피 개척 후 일이 년 동안은 성도들이 빈번하게 오기도 하고 나가기도 한다. 성도가 나가는 것은 아무리 목회를 오래 해도 익숙해지지 않는 아픔이다. 그러나 성도 중심의 교회가 아닌 하나님 중심의 교회를 하기로 했으면, 그 길로 가자. 사람 눈치 보지 말고 자신만의 콘텐츠로 한 걸음 한 걸음 걸어가는 것이다.

그 마음이 옳다

개척 후 돈이 마음을 아프게 할 때가 많을 것이다. 뭘 하려고 하면 항상 돈이 부족하다.

'이럴 때 누가 좀 도와주면 얼마나 좋을까.'

대형교회에서 오래 사역하고 나와 개척하는 목사들이 시작부터 적지 않은 성도와 함께한다는 소식을 들을 때면 자괴감이 몰려온다. 한 영혼을 위해 목숨을 바치겠다던 비장한 각오는 이미 온데간데없다.

그러나 그 어두운 마음에 갇히지 말고, 교회 개척을 처음 기도하고 계획했을 때의 그 마음으로 돌아가자. 한 영혼에게 최선을 다하고 주님을 기쁘시게 하는 공동체를 세우기로 한 것, 그 마음이 옳다.

옆에서 일어나는 일들과 소식들에 마음 쓰지 말자. 나와 다른 길로 가는 사람들을 비판하지 말고 부러워하지도 말자. 냉정하게 들리겠지만, 그럴 때일수록 내가 할 수 있는 일, 곧 자기 자신을 준비시키는 일에 매진하라.

나를 준비시키는 일에 매진하는 하루,
그 하루가 쌓여 많은 '하루들'이 될 때
이미 참 괜찮은 목회자로 세워져 있을 것이다.
당신의 첫 마음을 응원한다.

CHAPTER

3

라이트하우스 이야기

세상에 빛을 비추는 집

교회 개척을 시작하면서 이름을 생각할 때, 처음부터 '라이트하우스'였던 건 아니다. 가장 먼저 주신 단어는 '라이트' 즉 '빛'이었다. 그리고 개척을 준비하며 가장 많이 공부한 것이 초대교회였는데, 초대교회가 '집'에서 모인 것과 주님이 교회를 '만민이 기도하는 집'이라고 하신 것까지 염두에 두고 'House of Light', 즉 '빛의 집'이란 의미를 담고 싶었다.

그러나 한 교회를 세우는 게 아니라 여러 교회를 여러 사역자와 함께 세운다면, 이 이름은 적절하지 않았다. 최종적으로는 '빛으로 이 세상을 비춘다'라는 의미를 담고 싶었기에 '라이트하우스'(Lighthouse, 등대)라는 이름을 짓고 '무브먼트'(Movement)라는 단어를 붙였다.

기쁨도 풍성, 걱정도 충만

사실, 처음부터 여러 곳에 동시에 개척하려고 한 것도 아니었다. 라이트하우스 서울숲을 담임하는 임형규 목사와 개척을 준비하면서 일단 장소는 서울로 생각했다. 그러다 생각지도 못한 부산의 한 학교에서 장소를 쓰라고 연락이 온 것이다. 그렇게 계획하지 않은 서울과 부산의 동시 개척이 시작되었다.

서울의 예배 시간을 오후 네 시로 정하고, 부산 해운대에서 오전 예배를 드린 후 바로 기차를 타고 서울로 올라가 예배를 인도했다. 라이트하우스 서울 예배는 서울숲으로 옮기기 전까지 감사하게도 음향회사인 소비코에서 세미나실을 빌려주어서 방배에서 예배를 시작했다.

해운대에서 첫 예배를 드릴 때 여행용 가방을 질질 끌고 숙소에서 예배 장소인 학교 강당으로 걸어가는데, 걱정이 스멀스멀 올라왔다. '마이크 하나면 된다'라는 생각으로 첫 예배를 준비하긴 했지만, 사실 그날 어떤 분들이 얼마나 올지도 몰랐고, 어느 것도 예상할 수 없었다. 함께해 주었던 성도들과 기쁜 마음으로 준비했지만, 텅 빈 강의

실에 불을 켜고 앉아 있자니 과연 누가 올지, 어떻게 진행될지 전혀 모르겠는 상태로 말 그대로 걱정 반, 설렘 반이었다.

그 첫 예배를 무사히 드리고 지금껏 가장 감사하고 소중한 사람들은 그렇게 초기부터 지금까지 함께해준 성도들이다. 함께 지내온 시간이 녹록지 않았기에, 기쁨도 감사도 더 크게 남았다.

스치는 인연이 아니라
스며드는 공동체를 시작하고 싶었다.

그렇게 해운대와 방배, 그리고 뒤에서 얘기하겠지만 댈러스에서 예배가 시작되었다. 교회를 시작하면 좋은 일보다 걱정스러운 일이 훨씬 많다. 이름을 짓고 첫 예배를 준비하면서 기다리는 순간들이, 어쩌면 개척하면서 가장 즐거운 시간인지도 모르겠다. 첫 예배 때부터 현실이 찾아오고, 걱정과 근심도 함께 온다.

개척은 예상할 수 없는 롤러코스터를 타는 것 같다. 기뺌이 풍성했고 걱정도 충만했다. 아무도 내가 걱정한다고 생각하지 않았지만, 앉으나 서나 기쁨과 걱정은 서로 반비례하게 오르락내리락하며 롤러코스터를 탔다.

그러나 목사는 감정을 노출하면 안 된다. 목사는 성도들에게 큰 바위이기 때문이다. 움직이지 않고 흔들리지 않는 게 중요하다.

서울숲의 탁월한 설교자

내 기준, 현재 사십 대 목회자 중 설교로는 단연 임형규 목사가 최고다. 물론 나는 객관적이지 못하다.

그를 처음 만난 건 벌써 십칠 년 전이다. 그때 대학을 졸업한 임 목사가 교회 청소년들을 데리고 브리지임팩트 캠프에 참석했는데, 그 교회 청소년들이 남다르게 열정이 뛰어났다. 그래서 담당 목회자를 한번 만나고 싶은 마음에 캠프 스태프에게 저 교회의 목회자를 모시고 와달라고 부탁했다.

그렇게 임 목사를 만난 후로 지금까지 피를 나눈 형제

처럼 지내고 있다. 그동안 참 많은 일이 있었다. 함께 청소년 사역을 하고, 또 함께 개척을 했다. 함께 웃고 울며 그 시간을 보냈다. 임 목사의 아이들은 나를 '큰 아빠'라고 부른다.

그의 탁월한 감각과 잘 준비된 설교로 라이트하우스 서울숲은 성장했다. 특히 이십 대 후반에서 삼십 대 후반의 젊은이들이 성도의 90퍼센트를 차지할 만큼, 젊은이들이 많이 모이고 있다.

젊은이들이 모이는 공동체는 목회자가 감각이 있어야 한다. 그들의 문화와 언어를 이해하고, 자유롭게 접근할 수 있어야 한다. 임형규 목사 내외는 이런 면에서 아주 탁월하다.

그러나 보이는 것으로 승부가 나는 게 아니다. 감각적인 그의 태도와 센스가 전부가 아니다. 설교를 향한 그의 열정은 그로 늦은 밤까지 성경을 공부하며 연구하게 하고, 영혼을 향한 그의 마음은 눈물로 쏟아져 나온다.

지금 라이트하우스 서울숲에서는 매주 삼백여 명의 청년들이 열심히 예배드리고 있다. 예배 처소는 여전히 주일만 빌려 쓰는 곳이지만, 그곳에서 놀라운 일이 벌어지고 있다.

예배 후에는 서울숲 인근의 핫한 카페와 식당에서 청년들의 소그룹 활동이 활발히 이루어지고 있는데, 이 시간에 그들은 자신의 마음을 있는 그대로 내어놓고 고민을 나눈다. 골목마다 웃으며 이야기하는 청년들로 가득하다.

교회는 건물이 아니라고 외치며 시작했던 모습이 실상이 됐다.

댈러스에서도 함께 시작

댈러스에 '장량'이라는 중국 이름을 가진 한국인이 산다. 그가 라이트하우스 댈러스의 담임목사다. 그는 미국으로 유학하러 가서 자리를 잡고는 젊은이들에게 열정을 바친 목사다. 그 열정 덕분에 댈러스에서 열린 집회를 통해 만나게 된 후로 수년을 교제하며 지냈다.

부목사로 잘 사역하고 있던 그가 갑자기 개척을 하겠다고 선언했다.

"목사님, 저도 같이하고 싶어요."

장 목사의 말에 나는 이렇게 대답했다.

"우리는 힘이 없어. 돈은 더 없고."

이런 대화를 하는 동안, 이상하게도 가슴은 더 뜨거워졌다.

라이트하우스 댈러스는 2019년 5월에 라이트하우스 해운대와 라이트하우스 방배(현재 서울숲)와 함께 설립 감사예배를 드렸다.

미국에서의 교회 개척은 더 어렵다. 생활비가 많이 드는 현장이기에, 믿음의 경륜이 없는 성도들이 모여서 교회를 세워간다는 것은 정말이지 애간장이 타는 일이다.

타국에서의 이민 생활이 생각의 경직을 가져오기도 한다. 그래서 자기만의 생각에 갇혀 의논조차 되지 않을 때가 한국에서보다 많다.

그럼에도 디아스포라 교회는 참 귀하다. 다문화 사회에서 자라난 2세들은 정말 하나님나라를 위한 엄청난 보물들이다.

함께함이 힘이다

세 개의 교회가 동시에 시작하게 될 줄은 몰랐다. 그것
도 한 교회는 미국에서. 지금은 미주 지역에 댈러스, 뉴
저지, 어바인, 애틀랜타 네 곳에 라이트하우스 교회들이
있다.

라이트하우스무브먼트는 아직도 가난하다. 교회가 많
아지니 더욱 가난하다.

"콩 하나 있으면 나누어 먹자"라고 고백하며 시작했더
니, 콩 하나밖에 안 주시는 것 같다.

그래도 진심으로 더 이상 바랄 것이 없다. 우리는 가족
이다. 아무것도 없어도, 가끔이지만 서로 만나면 어제 만
난 것처럼 스스럼이 없다.

무브먼트의 힘은 함께함이다!

라이트하우스무브먼트를 통해 개척되는 여러 교회는, 핵심 가치를 공유하되 기본적인 목회는 완전히 독립적이다. 그러나 다양한 목회의 색깔 속에서도 우리는 한 무브먼트이기에, 정체성을 분명히 하기 위해 공동체 고백을 함께 선포해야겠다고 생각했다.

그래서 라이트하우스 교회들은 각자의 자리에서 매주 공동체 고백을 함께한다.

같은 고백이 라이트하우스 해운대에서도 선포되고, 댈러스에서도 선포된다. 매주 예배를 드리면서 선포했던 공동체 고백이, 출장 갔다가 출석하게 된 타지의 라이트하우스 교회에서도 동일하게 고백되는 것이다. 이렇게 함께 고백함에 큰 감동이 있다.

초대교회의 연합은 '사도신경'이라는 그들의 고백을 통해 이루어졌다. 성도들이 모여서 하나의 고백을 동일하게 하나님께 올려드릴 때, 교회는 하나가 된다. 또한 우리가 하나님을 왜 믿어야 하는지, 왜 이 교회에 다니는지에 대한 정체성이 새겨지는 것이다.

공동체 고백

주님은 빛이십니다.
저희도 어두운 세상의 빛이 되게 해주소서.
사회와 교회에 한 줄기 빛을 비추는
공동체 되게 하소서.

주여, 나의 마음과 몸을 주님께 드립니다.
나에게 주어진 것이 내 것이 아님을 깨닫게 하시고
헌신하여 이 땅에 하나님나라를 이루게 하소서.

주님은 우리의 목자이십니다.

양이 목자를 떠나 살 수 없듯이

우리도 주님을 떠나 살 수 없습니다.

주님께 순종하는 삶이

가장 안전하고 완전한 삶입니다.

이제 세상으로 나아가

예수 그리스도의 주인 되심을

선포하는 삶이 되게 하소서.

아멘.

빛이신 주님

"주님은 빛이십니다."

라이트하우스 공동체 고백은 이렇게 시작한다. 그리고 이 고백은 이렇게 이어진다.

"저희도 어두운 세상의 빛이 되게 해주소서."

우리의 가장 핵심적인 키워드는 이름에서도 드러나듯이

'빛'이다.

태초에 아무것도 없었을 때 하나님이 계셨고, 하나님은 빛이셨다. 하나님이 빛이 되셔서 어둡고 죽어가는 세상을 비추셨다.

예수 그리스도는 어두움을 이기시고 부활의 승리를 가져오셨다. 그분은 길이 되시며, 또한 길을 비춰주시는 빛이기도 하시다. 그리고 우리의 주인은 바로 빛이신 예수 그리스도시다. 우리는 그것을 믿는 것이다.

이 어두운 세상에서 주님은 빛이시고, 우리는 주님의 그 빛을 받아서 빛으로 살아가야 한다.

사회의 빛으로

이어지는 고백은 "사회와 교회에 한 줄기 빛을 비추는 공동체 되게 하소서"이다. 여기서 우리가 주목하고 고민했던 단어는 '사회'다.

하나님이 우리에게 주시는 믿음과 은혜는 어디로 향해야 할까? 나는 두 가지 방향으로 흘러야 한다고 생각한다. 사회에 대한 책임과 더불어 교회의 빛이 되는 방향이다. 여기서 '교회'는 우리가 속한 개교회를 뜻하는 것이 아니라 하나님께 영광을 돌려야 하는 모든 교회, 우리가 이루어가야 하는 하나님나라를 뜻하는 것이다.

우리는 하나님이 주신 은혜를 가지고 사회로 나아가야 한다. 하나님이 우리에게 주신 에너지를 우리끼리 교회 안에서 다 쏟아 사용하는 것이 아니라 사회와 세상에 쏟아내야 하는 것이다.

사회와 한국교회에 빛이 되는 공동체가 되기를 바라는 마음에서 이 고백을 함께 선포하고 있다.

또한, 사회에 책임을 다하는 개인, 교회에 빛이 되는 개인이 아니라 '공동체'가 되기를 원한다. 하나의 가족을 이루는 것이다. 교회는 완벽한 곳이 될 수 없다. 우리는 다 연약한 죄인들이기 때문이다.

그럼에도 불구하고 예수님의 사랑을 붙잡고 본받아 서로를 존중하고 아끼는 가족이 되어 함께 나아가자는 마음을 공동체 고백에 담았다.

초대교회의 모델

라이트하우스무브먼트를 시작하면서 하나님이 주셨던 마음은 초대교회의 모델이었다.

> 사람마다 두려워하는데 사도들로 말미암아 기사와 표적이 많이 나타나니 믿는 사람이 다 함께 있어 모든 물건을 서로 통용하고 또 재산과 소유를 팔아 각 사람의 필요를 따라 나눠 주며 날마다 마음을 같이하여 성전에 모이기를 힘쓰고 집에서 떡을 떼며 기쁨과 순전한 마음으로 음식을 먹고 하나님을 찬미하며 또 온 백성에게 칭송을 받으니 주께서 구원받는 사람을 날마다 더하게 하시니라 행 2:43−47

사실, 이렇게 사는 게 쉽지는 않다. 초대교회 때는 예수를 믿으면 모든 사회적 지위를 잃고 언제 죽을지조차 모르는 상황이었다. 그렇기에 자신의 모든 재산을 내어놓고 서로 통용하며 사는 것이 가능했을지도 모른다.

그러나 지금은 예수님을 믿는다고 목숨을 내놓아야 하는 상황은 아니기에, 이러한 모델로 살아가는 것이 쉽진 않다. 그럼에도 불구하고 우리가 공동체로서 함께 기뻐하고, 함께 슬퍼하며, 서로를 존중하고, 나보다 낮게 여기는 것은 중요하다.

우리의 지향점을 초대교회에 두고 하나님이 원하시는 모습을 살고자 노력하고 애쓰는 것이다.

그것이 바로 "나에게 주어진 것이 내 것이 아님을 깨닫게 하시고"라는 고백에 담겼다.

하나님나라를 위한 헌신

그래서 우리는 이렇게 고백한다.

"주여, 나의 마음과 몸을 주님께 드립니다."

주님께 나를 드릴 수 있어야 공동체와 함께 나눌 수도 있다.

여기서 고민했던 표현은 '마음'과 '몸'이라는 두 단어이다.

'주여, 나의 삶을 드립니다'라고 고백하지 않고, '마음과 몸'을 드린다고 고백한 이유가 있다. 우리는 보통 영과 육으로 나누고, 세상과 신앙으로 나누며, 물질과 영성으로 나누어 이분법적으로 생각하곤 한다.

그래서 세상은 세상의 방식대로 살고 신앙은 신앙대로 신앙생활하며, 물질은 이 땅에서 필요한 대로 쓰고 영성은 물질과는 다른 영역의 것이라고 생각한다. 교회에서는 교회의 방식대로 지내지만, 세상에서는 누구보다도 더 많은 욕심을 가지고 세상 방식으로 살아갈 때가 있다.

그러나 영과 육은 하나이고 떨어질 수 없다. 영과 육이 하나이듯이 세상과 신앙은 떨어질 수 없고, 물질과 영성도 떼어서 생각할 수 없다.

'나의 마음과 몸'을 하나님께 드린다는 것은 영과 육을 하나님께 드린다는 것이고, 세상과 신앙을 함께 하나님 앞에 펼쳐드린다는 의미이며, 물질과 영성이 함께 간다는 의미다. 나의 모든 부분을 하나님께 올려드리고, 나의 모든 부분에서 하나님이 나의 주인이심을 선포하는 것이다.

이것은 우리 교회의 핵심 가치인 '로드십'(Lordship)의 연습이기도 하다. 나에게 주어진 것이 내 것이 아님을 인정하는 것이 로드십의 첫걸음이다.

마음과 몸을 드린다는 것은 영과 육, 그리고 이 세상과 내 믿음이 만나는 것이다. 그것은 죄악이 가득하고 어두운 이 땅에 빛으로 오신 그리스도가 하나님의 나라를 선포하시듯이, 우리 인생을 통해 하나님의 나라가 선포되는 것이며, 하나님나라의 역사가 일어나는 것이다. 그래서 "헌신하여 이 땅에 하나님나라를 이루게 하소서"라는 고백이 이어진다.

헌신은 이 땅에 하나님의 나라가 이루어지는 것을 위해 우리가 해야 하는 것이다. 우리가 드리는 물질도 이 땅에 하나님나라가 임하는 데 쓰이는 것이다. 우리의 헌신은 하나님나라에 대한 선포이며, 교회의 부흥은 교회의 이름을 높이는 것이 아니라 이 땅에 하나님나라를 세우고 하나님의 역사가 일어나는 것이다.

우리는 예배를 드리고, 그 받은 은혜 그대로 세상으로 나아가야 한다. 그래서 믿음은 삶으로 살아내는 것이 중요하다.

우리의 무대는 세상이다.

세상에서 하나님의 역사가 나타나야 한다.

그것이 하나님이 원하시는 삶이다.

주님은 우리의 목자이시며 우리는 그분의 양

이 땅에 하나님의 나라를 이루고 하나님의 역사를 이루는 것은 나의 힘으로 되지 않는다. 그렇기에 우리는 "주님은 우리의 목자이십니다. 양이 목자를 떠나 살 수 없듯이 우리도 주님을 떠나 살 수 없습니다"라고 고백한다. 예수 그리스도께서는 우리의 목자이시며, 그분이 나의 주인이시고 나를 붙잡아주시는 분이다.

우리는 이 땅에서 빛으로 살기를 고백하고, 하나님의 나라를 이루겠다고 고백하지만, 그 고백을 이루시는 분은 예수 그리스도시다. 내 안에 살아 계셔서 역사하시는 주님이 내가 할 수 없는 일을 이루신다. 지금도 그분은 우리 인생 가운데 임재하셔서 우리의 고백을 이루어가실 것이다. 절망스럽고 어렵고 힘든 시간을 지나고 있다 할지라도, 하나님은 이 약속을 지키실 것이다. 그렇기에 우리는 양이고 주님이 우리의 목자시라고 고백할 수 있다.

양은 약한 동물이다. 약한데 빠르지도 않다. 사슴은 약하지만 빨라서 위험에 처하면 재빠르게 뛰어 도망하는데, 양은 뛰어 봤자이다. 게다가 시력도 안 좋다. 넘어지면 혼자 일어날 수도 없다. 그래서 양은 목자를 떠나면 죽는다. 어느 누구도 보호해줄 수 없다. 아무리 독립적으로 살고 싶어도, 목자에게서 독립하면 죽고 만다.

우리는 양이고 주님이 우리의 목자이시다. 양이 목자를 떠나면 살 수 없듯이, 우리는 주님을 떠나 살 수 없다. 절대로 주님을 떠나서 살 수 없다.

가장 안전한 삶

그렇기에 "주님께 순종하는 삶이 가장 안전하고 완전한 삶"이다. 주님께 순종하는 삶은 쉽지 않다. 어렵다. 눈에 보이는 쉬운 길이 있음에도 쉬운 길로 가지 않고 주님께 순종하는 길을 택하는 것은 쉽지 않다. 하지만 주님께 순종하는 삶이 가장 안전하고 또 가장 완전하다. 그래서 우리는 주님께 순종하기를 붙잡는 것이다.

'순종'이란 하나님께 순종하는 것이다. 하나님이 주인이시다. 목사가 하나님의 말씀을 선포하면, 성도들은 하나님의 말씀에 순종하는 것이지, 목사의 말에 순종하는 것이 아니다. 이것을 혼동해선 안 된다.

물론 하나님께서 목회자를 기름 부어 세우셨다면, 우리는 그에 대한 존중의 마음을 가져야 한다. 하지만 목회자만 하나님의 종이 아니라 하나님 앞에 선 우리 모두가 하나님의 종이다. 그런 점에서 목회자와 성도는 같은 책임을 지는 것이다.

우리 교회는 개척교회지만 목회자 신임을 한다. 보통은 성도들이 목회자를 신임한다고 생각한다. 하지만 그와 동시에 목사인 나도 사역에 대한 검토를 하는 것이다. 부르심에 합당한 순종을 하고 있는지 점검한다.

그 과정을 통해 하나님이 주인 되심을 연습하는 것이다. 누가 개척했느냐, 누가 개척 멤버이냐 하는 것은 중요하지 않다. 주인은 하나님이시라는 게 중요하다.

하나님의 말씀을 기준으로 살아가야 한다. 하나님의

말씀이 우리 교회의 기준이 되어야 한다. 그리고 하나님만이 우리의 주인이시다. 그것을 살아내고, 고백하는 교회가 되길 바란다.

빛의 갑옷을 입고 세상으로 나아가자

우리의 삶을 하나님의 말씀에 비춰서 하나님의 뜻과 하나님의 주인 되심을 붙잡기를 바란다. 그래서 우리는 하나님께 순종하며 이렇게 고백한다.

"이제 세상으로 나아가 예수 그리스도의 주인 되심을 선포하는 삶이 되게 하소서."

세상으로 나아가자. 교회는 너무 걱정하지 말고, 세상에서 승부를 걸어라. 세상에서 하나님의 사람다운 승부를 펼치자. 세상에서 하나님의 뜻대로 살아가는 것이다. 세상이 하나님이 주신 승부처다.

세상에서 예수 그리스도의 주인 되심을 선포하는 삶을 살라. 예수 그리스도가 나의 모든 것임을 선포하는 삶을 살길 바라며, 가는 곳곳마다 이 고백이 삶의 능력으로 나타나게 되길 바란다.

'빛'이란 단어가 강렬하게 다가왔던 말씀이다. '믿음의 갑옷'이란 말은 종종 듣고 배웠는데, '빛의 갑옷'은 굉장히 낯설게 다가왔다. 여기서 말씀하시는 '빛의 갑옷'은 뭘까? 하나님은 왜 '빛'을 말씀하셨을까?

예수 그리스도가 빛이시기 때문이다. 우리는 예수 그리스도로 갑옷을 입고 예수 그리스도로 무장하여 그리스도인답게 이 땅에서 살아가야 한다.

이 땅에서 하나님의 능력을 선포하는 것이 하나님의 하나님 되심을 고백하는 것이다. 우리의 주인이신 예수 그리스도로 갑옷을 입자. 그 갑옷이 우리를 반드시 보호할 것이며, 인도해주실 것이고, 새로운 힘을 주실 것이며, 새로운 방향을 알려줄 것이다. 우리 인생에 새로운 영적 돌파가 일어날 것이다. 고백하는 대로 살아가는 하나님의 자녀가 되자.

세상으로 나아가
예수 그리스도로 무장하여
빛의 갑옷을 입고
그리스도인답게 살아가자.
세상에서 하나님의 사람으로 승부를 보자.

핵심 가치와 예배 디자인

자신이 잘할 수 있는 교회를 디자인하는 것이 개척의 첫 단계다. 이것을 잘 준비해야 승부를 걸 수 있다. 새로운 교회를 개척하는 목사로서 자신이 하고 싶은 교회를 구체적으로 생각해야 교회 이름도 지을 수 있다.

교회 이름은 새로운 것이 좋다. 촌스럽지 않게, 그러나 목회 철학이 담긴 이름을 짓기까지 심사숙고하는 기간이 필요하다.

이름과 철학은 반드시 이어져야 한다. 이름 짓는 것을 쉽게 생각하여 철학 없이 이름을 짓거나, 너무 어려운 이름 혹은 발음하기 어려운 이름으로 짓는 것은 피한다. 나는 개척을 준비하는 목사님들이 아직 교회 이름이 준비가 안 되었다고 하면 준비할 시간을 더 가지라고 권한다.

이름은 아주 중요하다. 하나님께서도 이름을 지어주기도 하시고 바꾸어주기도 하시지 않았는가.

방향을 담은 핵심 가치 정하기

교회의 이름이 정해지면 그 이름에 맞는 핵심 가치를 만든다. 핵심 가치는 교회의 설계도다. 당신의 가슴을 펄떡펄떡 뛰게 만드는 철학을 담으라. 사람이 오든 안 오든 그 뛰는 가슴으로 개척을 해야만 하는, 그런 교회를 가슴에 품으라.

라이트하우스무브먼트는 'LIGHT'의 알파벳에 맞추어 다섯 가지 핵심 가치를 만들었다.

Lordship : 오직 주님만이 주인이십니다. 이 고백이 우리의 가치관 그리고 삶의 모든 영역에서 드러나길 열망합니다.

Inspiration : 성령의 강한 임재를 사모하며 신령과 진정으로 예배드립니다.

Generate : 교회는 성도를 세우고 성도는 자신이 살아가는 자리에 교회를 세웁니다.

Hope : 긍휼과 선교에 재정을 우선 지출하여 소망을 주는 공동체가 됩니다.

Transformation : 우리의 끊임없는 변화가 교회와 세상의 변혁으로 이어집니다.

많은 고민과 기도가 필요한 시기다. 핵심 가치를 찾는 것은, 예배 공간을 찾는 것보다 훨씬 중요하다. 핵심 가치에 교회의 정체성과 앞으로 나아갈 방향이 담기기 때문이다.

교회 이름과 핵심 가치가 정리되면 교회 비전과 가야 할 방향이 명확해진다. 목회의 방향과 존재 가치가 분명하게 전해지도록 준비하는 게 중요하다.

지금 많은 성도들이 교회를 찾는다. 코로나 이후 교회를 찾는 사람이 오히려 급증했다. 이들은 새롭고 개혁적이고 세상을 가슴에 품는 교회를 원한다. 모든 사람을 만나 설명할 수 없으니, 핵심 가치에 교회의 분명한 지향점을 담아 충분히 이해할 수 있도록 준비한다.

목회하다 보면 포기하고 내던지고 싶을 때가 있다. 그때마다 나를 잡아줄 수 있는 명확한 가치를 만들자.

핵심 가치를 준비한 후에 예배를 디자인한다. 예배는 가장 중요한 승부처다. 찬양과 기도, 말씀과 결단을 어떻게 진행할지 구체적으로 고민한다.

라이트하우스 서울숲은 특별하게 '그리팅'(Greeting, 안부)이란 시간을 갖는다. 성도들이 예배당에 들어올 때, 그날 설교의 핵심 주제와 두 가지 정도의 질문이 담긴 주보를 나눠준다.

성도들은 자리에 앉아 잠시 질문에 대해 고민한다. 그리고 찬양 한 곡을 부른 뒤, 서로 인사하며 그 질문에 대한 답을 나눈다. 그리팅 시간에 나눈 성도들의 이야기는 설교 시간에 선포되는 메시지와 하나의 퍼즐처럼 이어져 전달된다.

예배를 고민하고 준비하라.

충분히 준비하는 게 효과적이다.

큰 교회 예배를 답습하지 말고

개척교회 예배에 맞는 예전을 준비하라.

　라이트하우스 해운대는 주일에 '찬양 - 통성기도 - 말씀 - 통성기도 - 축도'만으로 예배의 모든 순서가 끝난다. 집중이 잘되는 순서로 예배를 준비하는 것도 중요하다. 만약 아이들과 함께 예배를 드릴 예정이라면, 그 점도 고민하여 예배를 준비한다.

　개척교회 예배에서 가장 어려운 부분 중 하나가 찬양이다. 인도자도 없고 악기 준비도 쉽지 않다. 최근에 소수의 예배 인원이 유튜브의 찬양 영상을 편집해서 영상을 틀어 놓고 같이 부르는 것을 본 적이 있다. 힘들더라도 현재 상황에서 최선을 다해 준비하면 된다.

　만약 예배 처소를 임대했다면 인테리어를 어떻게 해야 할지도 차근차근 준비해야 한다. 예배 처소를 주일만 빌리기로 했더라도, 입구와 주보를 받는 지점, 앉는 좌석까지 성도들이 불편하지 않으면서도 새롭게 느낄 수 있도록 준비하자.

조명을 어둡게 했다가 첫 찬양을 할 때 불을 켜는 방법, 예배 전체를 낮은 조도 가운데서 진행하는 방법 등 여러 가지 시도를 해볼 수 있다.

성도 양육을 어떻게 할지도 개척 전에 준비하는 것이 좋다. 여러 교재를 참고해도 좋고 자신이 직접 준비해도 되지만, 중요한 건 정착 후 새가족 교육이 무리 없이 진행되도록 미리 준비해야 한다는 것이다.

개척교회는 하드웨어로는 승부를 걸 수 없다.

탁월한 소프트웨어,

그리고 담임목사와 성도 간의

가까운 관계가 큰 매력이다.

준비 과정에서 기존 교회가 하는 것을 다 하려고 하지 말라. 할 수 있는 것만 하되, 준비할 때 조금의 변화만 주어도 새롭게 느껴진다는 것을 기억하고, 새롭게 준비하라.

다른 교회의 예배를 참고할 때도 사실 중대형 교회의 예배는 큰 도움이 안 된다. 모든 것이 완벽하게 세팅된 곳 말고, 개척했거나 교회가 아닌 다른 장소를 빌려서 예배 드리는 공동체를 참고하여 자신만의 예배 모습을 그려가 야 한다.

큰 교회가 할 수 없는 것에 집중해보는 것이 좋다. 젊은 세대가 의외로 성찬식 같은 여러 예전에 민감하게 반응한다. 그러니 준비를 잘해서 더 개인적으로 친밀한 예배를 만들면 충분히 큰 은혜로 나아갈 수 있다.

작은 교회는 찬양팀을 꾸리거나 찬양 분위기를 잡는 게 쉽지 않다. 할 수 있는 것을 찾고 할 수 있는 것만 더 잘해 보려고 하자. 안 되는 것에 너무 마음을 쓰지 말고, 최선 을 다해 주께서 가장 기뻐하실 예배를 준비해보자.

자신을 위한 시간도 확보하라

평일 예배는 쉽사리 늘리지 말고, 최선을 다해 주일에 집중하자. 그러면 남는 시간엔 뭘 하는 게 좋을까? 쉬고,

운동하고, 취미생활을 하는 시간도 갖자. 길게 보고 자신을 위한 준비와 투자도 게을리하지 않으면 좋겠다.

매주 하루나 반나절 정도는 자신만을 위한 시간을 꼭 갖자. 특별히 서점을 추천한다. 목회 현장을 떠난 적당히 소란하고 적당히 조용한 공간이 재충전과 환기에 도움이 된다. 또 다양한 책을 훑어보면서 좋은 아이디어도 얻을 수 있다.

누구도 교회를 떠나는 사람은 없다. 그들은 목사를 떠나는 것이다. 이는 성도들이 목사를 찾고 있음을 방증한다. 준비된 목사가 되어야 성도들이 온다.

자신만의 메시지가 준비되고 목회 방향이 정확해야 한다. 어떤 세미나를 다녀와서 목회 방향이 바뀌는 것은 시대착오적이다. 개척 초기에 준비해야 하는 것을 철저하게 준비하자. 무엇보다 돈으로 준비할 수 없는 것들에 주목하자.

준비할 게 생각보다 많다. 절망하지 말고 실망하지 않도록 노력하자. 작은 일에 충성할 때 좋은 열매가 맺힐 것이다.

라이트하우스의 핵심 가치

오직 주님만이 주인이시다

라이트하우스무브먼트는 교회를 개척하는 운동이다. 하나님께서는 이 땅에 교회를 세우시기 위해 예수 그리스도를 보내셨고, 그의 피 값으로 교회가 세워졌다. 주님은 교회가 세상의 빛이 되기를 원하셨고, 맛을 내는 소금이 되기를 원하셨다.

교회는 예수 그리스도만이 주인이시다. 예수님 외에 어느 누구도 주인이 될 수 없다.

그래서 라이트하우스무브먼트의 첫 번째 핵심 가치는 '로드십'(Lordship), 즉 주님의 주인 되심이다. 또한, 이것이 이 땅에 교회가 세워지는 첫 가치이다.

종교 생활이 아닌 신앙생활

믿음 생활에서 가장 중요한 것은 '로드십'이다. 그래서 우리의 믿음을 점검하는 데 가장 중요한 질문은 이것이다.

"당신의 주인은 하나님이신가?"

우리는 교회에서 기도하고 예배드리며 신앙생활을 하지만, 내 인생의 주인이 누구냐에 따라 그것이 종교적인 일이 될 수 있고, 영과 진리로 행하는 영적인 일이 될 수 있다.

예를 들어, 우리가 기도를 드릴 때, 기도의 내용이 다 세상적이고 내가 원하고 바라는 것들의 나열이라면, 그 시간은 영적인 시간이 될 수 없다. 기도 시간이 영적인 시간이 되려면 그 기도가 하나님이 주인이신 기도여야 한다.

하나님이 나의 인생의 주인이시며
하나님께서 원하시는 것을 내가 원하고
하나님이 바라시는 것이 나의 가치가 되는 것,
그것이 로드십이다.

내 인생의 가치관이 변화되지 않는 믿음의 고백은 가짜다. 하나님을 나의 주인으로 모시고, 나에게 가장 중요한 분으로 붙잡고 살아가는 것 외에 다른 고백들은 종교적인 모습에 불과하다.

하나님이 우리의 주인이 되셔야 한다. 내 인생에 펼쳐지는 많은 일들과 고통과 아픔, 인생의 상처까지도 주님이 주관하신다는 것을 고백하는 인생이 주님이 주인 되시는 인생이다.

나의 주인 되시는 하나님이 오늘도 나를 붙잡고 계시고, 오늘도 하나님의 역사가 내 삶 속에서 나타나고 있음을 고백하라. 이 고백이 있을 때 비로소 우리의 신앙생활은 종교 생활이 아니라 영적인 신앙생활이 된다.

'나'가 제일 중요한 나

대부분의 크리스천이 "당신의 주인은 하나님이신가?"라는 질문을 받으면, 당연히 "하나님이 나의 주인"이라고 대답한다. 하지만 인생을 살아가는 모습을 보면 정말 그런

지 고민해볼 일이다.

우리 모두에게는 '나'라는 욕망이 있다. 나의 인생에서 '나'가 가장 중요하다. 겉으로는 '전 아무것도 아니에요'라고 겸손하게 말하지만, 자존심이 조금만 상해도 펄펄 뛰며 난리가 나지 않는가? 그러니까 자기가 아무것도 아닌 게 아닌 것이다. 우리 인생에 '나'란 존재는 상당한 자리를 차지하고 있다.

우리 신앙생활에서 가장 우선으로 정리해야 하는 것이 '나'고, 나의 신앙을 가장 방해하고 있는 것도 '나'다. '나'란 존재가 나를 흔들어놓고 있는 것이다. 남이 문제가 아니다. 나 때문에 안 되는 일들이 너무 많다. 나의 욕망이 이 세상을 향하고, 나의 욕망이 이 땅을 향하는 가장 핵심적인 이유가, '나'인 것이다. 내가 주인 되기를 원하고 내가 원하는 것을 얻고 싶기 때문이다.

매일매일 두 시간씩 기도하면 무슨 소용인가? 두 시간씩 하는 기도의 모든 내용이 이 땅에서 잘 먹고 잘살기를 바라는 것인데 말이다. 이런 것은 참된 신앙이 아니라 종교적인 모습일 뿐이다.

영적인 신앙생활은 하나님 중심으로, 하나님 말씀대로, 하나님께서 원하시는 대로 살아가는 것이다. 내가 원하는 대로가 아니라 하나님의 말씀대로 살아가는 것이다.

교회 문을 닫을지라도, 하나님 뜻대로

라이트하우스 해운대가 학교 강당에서 예배를 시작한 지 몇 달 안 되어 코로나19 팬데믹이 터졌다. 누구도 예상할 수 없던 일이 터진 것이다. 팬데믹 상황에서 학교는 폐쇄되었고, 아무것도 준비되어 있지 않은 미미한 개척교회는 어찌할 바를 모른 채 그대로 학교를 나오게 되었다. 그러고 나서 약 2년 반 정도 광야의 시간을 보냈다. 이곳 저곳 안 다녀본 곳이 없다. 그때 이런 생각도 했었다.

'이렇게 계속 광야의 시간을 보내다 보면 이 교회가 문을 닫아야 할 수도 있겠다.'

고정된 예배 처소 없이 계속 돌아다니면서 모이고 있는데, 이런 기간이 오래 지속된다면 누가 버틸 수 있겠는가?

그러면서도 그때 나의 가장 핵심적인 기도제목이 있었다. 우리의 힘으로 광야의 시간을 끝내는 일이 없길, 오직 하나님의 분명한 말씀만 따라가길 원한다는 것이었다.

"그럼에도 불구하고 나의 힘으로,

우리 성도들의 힘으로

이 광야의 시간을 끝내는 일이 없게 해주세요.

하나님이 허락하실 때까지

광야의 시간을 버티게 하소서."

사실 이때 우리의 힘으로 장소를 임대하고 예배 처소를 꾸밀 수도 있었다. 그러나 우리의 힘으로 할 수 있는 것을 안 하는 것, 그것을 연습하고 싶었다. 그래서 우리는 분명한 하나님의 말씀이 있을 때 교회 처소를 찾기로 했다.

이 시간은 정말 쉽지 않았다. 어려운 일들을 일일이 다 말할 수도 없다. 그러나 이 시간은 로드십을 연습하는 시간이었고, 우리는 주를 경험했다.

교회의 문을 닫는 것보다 내가 원하는 일을 하는 것이

더 나쁘다. 교회의 문이 닫히는 것보다 나의 힘으로 유지하는 것이 더 문제가 되는 것이다. 교회의 주인은 하나님이시기 때문이다.

주인의 자리, 주인의 권위, 주인의 영향력을 가장 눈여겨보는 존재가 사탄이다. 사탄이 하나님처럼 되고자 했을 때 타락하지 않았는가. 아담과 하와 역시 하나님처럼 되고 싶다는 생각에 사탄의 꾐에 넘어가 선악과를 먹었다.

지금 이 땅의 수많은 교회가 어려운 상황에 빠지게 된 것은, 하나님이 주인이셔야 하는 교회가 사탄의 공격으로 세속화되었기 때문이다. 이렇게 된 데는 목회자들의 잘못이 크다. 아무리 목회자라도 사람은 교회의 주인이 될 수 없다.

놀랍게도 문을 닫을 줄 알았던 라이트하우스 해운대가 돌아다니면 돌아다닐수록 성도들이 더 모였다. 내 생각엔 한 일 년이면 문을 닫겠다 싶었는데, 하나님의 생각은 다르셨다. 하나님이 교회의 주인이시다!

하나님이 주인이면 가치관이 변한다

어떤 일을 하느냐, 어떤 사역을 하느냐는 중요하지 않다. '나의 주인이 누구인가'가 가장 중요하다. 이것이 목회 핵심 가치와 삶 속에 확실하게 정립되어 있어야 한다.

목사도 하나님을 주인으로 섬기지 못하면 하나님의 사람이 아닌 것이고, 예수님을 오래 믿어온 자들도 마찬가지다.

하나님을 주인으로 섬기는 자는 이 땅에 마음을 두지 않는다. 하나님을 주인으로 섬기는 자는 하나님이 원하시는 구별된 삶을 산다. 그럼으로써 하나님이 쓰시기에 합당하길 원하며, 하나님의 손에 잡히기를 원하고, 하나님이 원하시는 인생을 살기 원한다.

하나님이 바라시는 삶을 살기 원하는 가치관의 변화로 우리의 기도가 변화되는 것이다. 그러면 땅의 것들이 다시는 우리를 흔들어놓을 수 없다. 이 땅의 것들, 이 땅의 많은 문제가 나를 힘들게 하는 것이 아니라 나의 믿음 없음이 나를 힘들게 하는 것이다.

고통과 아픔과 상처와 어려움 속에서도 하나님이 나의

주인이시라는 것을 고백하면, 우리의 인생 자체가 달라진다. 우리의 삶의 가치와 삶의 질이 달라진다.

이제부터 우리의 발걸음 속에서 하나님의 능력과 하나님의 임재와 하나님의 함께하심이 나타나야 하고, 하나님의 주인 되심이 나타나야 한다.

그것은 나의 인생에 고통과 고난이 없는 것이 아니다. 그 고통과 고난 속에서 나의 반응이 달라지는 것이다. 나의 어려움과 상처와 억울함이 사라지는 게 아니라 그 억울함 속에서 나의 반응이 달라진다. 아무리 어렵고 힘든 일이 벌어진다고 할지라도 나의 인생의 고백이 달라지는 것이다. 나의 주인이 예수 그리스도이시기 때문이다.

예배의 자리가 편한 자리가 되게 하지 말라

찰스 스펄전(Charles Spurgeon) 목사님은 '성도들이 앉아 있는 자리가 말씀을 들을 때마다 가장 불편한 자리여야 한다'라고 말했다. 나는 성도들의 자리가 편안한 자리가 되지 않았으면 좋겠다. 성도들이 말씀을 들을 때마다 그 자리가 참 불편했으면 좋겠다. 그래서 그 불편한 자리에서 성도들의 회개가 일어나고, 몸부림을 치며, 그 자리에서 다시 한번 하나님 앞에 집중하고 하나님을 주인으로 붙잡게 되길 바란다. 그것이 가장 큰 위로와 힘이 될 것이다.

우리는 더 이상 종교적인 인생을 살고자 신앙생활을 연명하는 사람들이 아니다. 우리는 살아 계신 하나님을 섬기는 자들이고, 하나님을 나의 주인으로 섬기는 자들이다.

주님이 나의 주인이시며, 주님이 우리 교회의 주인이시고, 그 주님이 우리와 함께하신다!

신령과 진정으로 드리는 예배

하나님이 우리의 주인이실 때, 우리가 하나님 앞에 드려야 되는 것, 우리가 하나님 앞에 표현해야 하는 것이 '예배' 다. 라이트하우스무브먼트의 두 번째 핵심 가치는 '인스 피레이션'(Inspiration) 즉 '성령의 강한 임재를 사모하고 신령과 진정으로 예배드리는 것'이다.

이 땅에서 우리가 하는 행위 중에 유일하게 천국에서도 이어질 행위가 '예배'다. 그렇기에 예배를 대충 드리면 안된다. 진심으로 하나님 앞에 나아가고, 진심으로 하나님의 만지심이 있고, 하나님의 새로운 은혜를 받는 예배를 드려야 한다.

나는 예배를 많이 드려야 한다고 생각하지 않는다. 준비된 예배를 드리고, 예배 중에 하나님을 전심으로 찬양

하고, 예배 때 붙잡은 하나님의 말씀으로 살아가는 분명한 모습이 나타난다면 매일 예배드리지 않아도, 주일예배한 번만으로도 영성을 지킬 수 있다.

사람이 살아나는 예배

사람은 예배로 살아난다. 정말로 예배로 살아난다. 반대로 예배를 통해 사람이 죽기도 한다. 예배가 온전치 않으면, 예배를 통해서 하나님의 말씀이 선포되지 않고 사람의 생각이 선포되면 그 예배를 통해서 사람이 죽는다.

하나님의 말씀이어야 한다.
하나님이 주시는 말씀이 선포되는 것이 중요하다.

준비 없는 설교자가 설교하는 게 얼마나 안타까운가? 또 준비 없는 예배자가 예배를 드리는 것도 매우 안타까운 일이다.

목회자만 예배를 준비하는 것이 아니라 예배자도 예배

를 준비해야 한다. 예배에 대한 기대가 있어야 하고, 예배자로서 삶의 정리가 있어야 한다. 그렇게 하나님 앞에 나아가야 한다.

은혜받기 위해 예배를 준비하라

하나님은 영이시니 예배하는 자가 영과 진리로 예배할지니라
요 4:24

개역한글 성경에는 이 부분이 "신령과 진정으로 예배할지니라"라고 되어 있다. 어떻게 예배드리는 것이 "신령과 진정으로" 예배하는 것인지, 그 의미가 구체적으로 딱 다가오지는 않는다. 좀 쉽게 풀어서 '마음을 다해서 예배드린다, 우리의 마음을 쏟아놓는 예배를 드린다'라고 하면 조금 더 이해를 쉽게 할 수 있을 것 같다.

예배는 하나님 앞에 드려지는 행위다. 그 예배 속에 우리의 마음을 쏟아놓는 것이 중요하다. 우리의 마음을 주

님 앞에 쏟아놓고 그 마음을 하나님 앞에 드리는 것이 굉장히 중요하다.

그래서 예배는 준비가 필요하다. 예배의 자리에 다 똑같이 앉아 있지만, 예배에 대한 태도와 준비는 다 각자 다르다. 그러니 예배에 대한 질이 각기 다를 수밖에 없다.

구약 시대 때 안식일을 섬기는 것을 보면, 예배 준비에 대해 많은 것을 배울 수 있다. 안식일은 그 전날 해 떨어지는 시간부터 시작해서 안식일에 해가 떨어지는 시간까지를 일컫는다. 그러니까 안식일을 지킨다는 것은 그 전날부터 시작하는 것이다.

토요일 저녁 시간도 우리의 시간이 아니다. 토요일 저녁부터 주일을 준비하고 쉼도 가지며 하나님 앞에 나아갈 준비를 하다가 주일날 예배의 자리에 나아가야 한다. 만약 우리가 토요일 밤까지 친구를 만나서 놀았다면 주일예배 때 너무 피곤할 것이다. 그런 사람들이 입버릇처럼 하는 말이 있다.

"예배가 너무 피곤하다. 교회는 너무 피곤해."

자기가 피곤한 건데 교회가 피곤하다고 한다. 그래서

예배 준비가 중요하다. 일상의 삶을 잘 사는 것도 중요하지만, 적어도 토요일 저녁부터는 다음날 예배를 잘 드리기 위해 준비해야 예배 때 은혜받을 수 있고, 하나님의 말씀을 붙잡을 수 있다. 그리고 그 말씀을 붙들고 한 주를 살아가면서 그 말씀이 나를 어떻게 살리고 내 인생에 어떻게 적용되는지 체험하는 것이다.

하나님의 은혜를 받는 것은 매우 중요하다. 하나님이 주시는 은혜를 붙잡고, 하나님이 바라시는 것을 우리도 같이 붙잡으며 살아가는 것이 정말 중요하다. 하나님이 주시는 은혜에서 벗어나지 않도록 애를 써야 한다. 하나님이 주시는 은혜 안에 있어야 한다. 그 은혜를 붙잡아야 한다.

하나님께 예의를 갖춘 예배를 드리라

사람 사이에서 서로에게 예의를 지키는 게 중요한데, 부모님에게 마땅한 예의를 지키기 위해 어떻게 하는가? 생신이 되면 축하를 드리고, 명절이 되면 인사를 하지 않는가?

하나님께 드려지는 예의는 예배다. 하나님 앞에 예의를 지키는 방법은 예배다. 하나님 앞에 똑바로 예배를 드리고, 준비된 예배를 드려야 한다. 교만한 생각을 모두 내려놓고 겸손한 마음과 자세로 예배드려야 한다. 하나님 앞에서 진정으로 드려지는 예배가 사람을 살린다.

그리고 어떤 예배도 사람이 드러나지 않아야 한다는 것을 기억해야 한다.

그는 흥하여야 하겠고 나는 쇠하여야 하리라 하니라 요 3:30

예배는 하나님이 흥하셔야 하고, 하나님이 영광 받으셔야 하며, 하나님의 이름을 높이고, 하나님이 기뻐하셔야 한다. 내가 기뻐하고 내가 만족스러운 게 아니다.

우리가 하나님을 높일 때 하나님이 역사해주신다. 그리고 은혜를 주신다. 그러나 여기서 핵심은, 내가 은혜받는 게 우선이 아니란 것이다. 하나님이 영광을 받으시고, 하나님의 이름을 우리가 찬양하는 게 먼저다. 이 순서가 중요하다.

예배로 내가 살아나면 공동체도 살아난다

하나님이 말씀하실 때 놀라운 역사가 나타난다고 하셨다. 그런데 하나님의 놀라운 역사는 어느 날 갑자기 '툭' 하고 떨어지는 게 아니다. 예배를 통해서 우리의 삶 속에 하나님의 말씀이 적용될 때, 하나님의 임재를 체험하게 되는 것이다.

하나님 앞에서 열심히 드리는 예배를 통해서, 성령의 강력한 임재와 신령과 진정으로 드려지는 예배를 통해서 하나님의 놀라운 역사가 일어난다. 그 예배를 통해서 함께 예배하는 공동체가 아름다워지고 건강해지며 온전해진다는 사실을 나는 진심으로 믿는다. 또 그것을 통해 우리 모두가 하나님의 사람으로 살 수 있다고 믿는다. 그래서 우리가 하나님 앞에 나아갈 때, 진심으로, 전심으로, 마음을 다해 준비하면서 나아가야 하는 것이다.

어느 브랜딩 전문가를 개척훈련의 강사로 모셨는데, 그분이 이런 말을 했다. 어떤 기업에서 팔려는 물건이나 사업에 열성 팬 삼백 명만 있으면 그 기업이 망하지 않는다는 것이다. 나는 수십만 명이 필요할 줄 알았다. 그런데 삼백 명만 있으면 안 망한다는 것이다.

마찬가지로 하나님 앞에 열정을 가지고 주님을 사랑하며 예배하는 자들이 있으면, 그 사역은 망할 수 없고 그 교회는 쇠할 수 없다. 중요한 것은 사람이 늘어나는 게 아니라 하나님께 전심으로 예배하는 진실된 사람들이 세워지는 것이다. 그럴 때 하나님이 원하시는 교회가 된다.

그래서 예배는 나 혼자만 살아나는 시간이 아니다. 내가 하나님 앞에 진심으로 예배를 드림으로써 다른 사람들도 함께 살아난다. 공동체를 살린다는 말이다. 내 인생이 하나님 앞에서 예배자로 드려질 때 반드시 일어나는 일이, 내 옆에 있는 사람이 함께 살아나는 것이다. 나는 살아났는데 주위가 죽어가는 것은 말이 안 된다. 그래서 내가 똑바로 서는 것이 중요하다. 내가 살아나면, 내 옆 사람도 살아난다. 공동체가 살아난다.

예배 드리기 싫을 때 더욱 예배에 애를 쓰자

예배를 방해하는 것들이 있을 것이다. 교회에서 만나기

불편한 사람이 있을 수도 있고, 어떤 불편한 상황들이 있을 수도 있다. 일이 많아서 피곤할 수도 있고, 건강에 어려움이 있을 수도 있다. 하지만 그런 걸 뛰어넘어야 한다.

그런데 만약 지금 내 믿음이 약하고 온전치 않아서 예배드리는 것조차 너무너무 힘들다고 한다면, 사실 이때 드리는 예배야말로 가장 강력하게 당신을 움직이는 힘이 될 수 있다.

예배를 드리기 싫을 때, 그냥 집에 있고 싶을 때, 그 싫은 마음을 부여잡고 억지로 나와서 예배드렸을 때 오히려 큰 은혜를 경험한다. 찬양 때도 별다른 감흥이 없고 설교 메시지도 잘 와닿지 않는 것 같은데, 어느 한순간에 하나님의 만지심이 있다. 하나님은 우리를 사랑하시고 아끼시며 정말로 예뻐하시기 때문이다.

예배에 애를 쓰라. 예배에 마음을 투자하라. 그냥 스쳐 지나가는 예배가 되지 않도록, 예배가 진심으로 나에게 의미 있는 시간이 되도록 기도하라. 그럴 때 예배의 새로운 영적 세계가 열리게 된다.

교회는 성도를 세우고
성도는 교회를 세운다

"교회는 성도를 세우고, 성도는 자신이 살아가는 자리에 교회를 세운다."

이것은 우리 공동체의 세 번째 핵심 가치이자 중요한 고백이다. 이 땅에 교회가 세워질 때 예수님이 주신 메시지이기도 하다.

이것은 우리 한 사람 한 사람이 교회란 것이고, 또 우리가 있는 곳에 교회가 세워진다는 것이다. 내가 있는 곳이 교회가 되는 것이다.

건물은 예배 처소일 뿐이다. 하나님이 원하시는 것은 우리가 있는 자리가 하나님이 원하시는 교회가 되는 것이고, 우리가 가는 곳곳마다 하나님의 복음이 선포되며, 하나님이 주시는 가치가 선포되는 것이다.

교회를 다니는 성도가 아니라

교회가 되는 성도, 교회가 되어가는 성도.

영적인 발전기

'제너레이트'(Generate)란 말은 '발생시키다, 만들어낸다'란 뜻이다. '발전기'를 의미하기도 한다. 선교지를 다닐 때, 선교지에서 집회나 모임을 하다가 전기가 툭 끊어지는 경우가 종종 있다. 그러면 선교사님들이 나가서 발전기를 돌리셨다. 발전기를 돌리면 불이 다시 들어왔다. 빛이 없는 곳에서 빛이 되면 그곳에 생명이 모이고 생명이 세워지는 것처럼, 우리는 영적인 발전기가 되어야 한다. 어두운 곳에 빛이 되는 삶을 살아야 한다.

우리 인생은 촛불과 같다. 우리 인생이 큰 빛과 같진 않다. 환한 곳에서 촛불은 아무런 의미가 없지만, 어둠 속에서는 촛불이 의미가 있다. 우리는 어둠에서 승부를 거는 것이다. 어두운 세상이 우리의 사역지고, 그곳이 하나님이 파송한 선교지다.

어두운 세상에서 하나님의 가치관과 하나님의 말씀을 가지고, 하나님의 임재 안에서 살아가기를 하나님이 원하시는 것이다. 하나님이 보내신 곳곳에 빛으로 서 있어야 한다. 빛으로 살아야 한다.

그러기 위해선 우리의 개인 세계를 다스려야 한다. 개인의 생각과 감정과 사적인 영역을 다스리는 것이 필요하다.

쉽지 않다. 어렵다. 그러나 불가능하지 않다. 세상일도 다 그렇지 않은가? 세상 일도 쉽게 얻어지는 건 하나도 없다. 영적인 것도 당연하다. 당연히 쉽게 얻어지지 않는다. 힘을 다해 하나님이 원하시는 것을 붙잡아야 한다. 흔들리지 말고 하나님이 보시기에 아름다운 삶을 살아가야 한다.

흩어져서 복음을 전한 초대교회

아름답게 성장해가고 있던 초대교회에 어려움이 터져 초토화되었다.

사울이 교회를 잔멸할 새 각 집에 들어가 남녀를 끌어다가
옥에 넘기니라 행 8:3

'교회를 잔멸했다'라는 부분을 유진 피터슨의 《메시지》
로 보면 "교회를 초토화했다"라고 표현하고 있다. 교회
가 완전히 초토화되고 망하게 되었다. 문을 닫아야 했고,
더는 모일 수 없었다.

교인들만 모이지 못하고 흩어지는 수준이 아니었다.
만약 한 가정이 예수를 믿었다 하면 가족들조차 흩어져
야 할 정도였다. 그런 어렵고 힘든 상황 속에서 초대교회
가 어떻게 반응했는가?

그 흩어진 사람들이 두루 다니며 복음의 말씀을 전할새 행 8:4

그들은 흩어졌다. 그리고 흩어진 그곳에서 복음의 말
씀을 전하고 다녔다. 이 부분을 《메시지》로 보면 그 의미
가 더 분명하다.

"본거지를 떠날 수밖에 없게 되자 예수를 따르는 모든

이들은 선교사가 되었다. 어디로 흩어지든지 그들은 예수에 대한 메시지를 전했다."

예수를 따르는 모든 이들이 선교사가 되어 하나님의 말씀을 선포하기 시작했다.

라이트하우스무브먼트를 시작할 때 하나님이 주신 메시지가 바로 이것이었다. 교회를 다니는 성도가 아니라 교회가 되는 성도, 교회를 오가는 성도가 아니라 교회로 살아가는 성도가 되어야 한다는 것이었다.

그래서 나는 모여서 예배드리는 곳을 지칭할 때 '교회'나 '성전'이라는 단어를 의도적으로 잘 사용하지 않는다. '예배 처소'라고 표현한다. 우리는 예배를 드리기 위해 '예배 처소'에 모이는 것이고, 우리의 삶이 교회가 되어 가는 것이기 때문이다. 그래서 그것이 우리의 세 번째 핵심 가치가 되었다.

모이는 예배와 흩어지는 사명을 통해서 하나님이 초대교회를 세우신 것처럼, 같은 비전으로 라이트하우스무브먼트가 시작되었다.

교회로서의 사명을 감당하는 삶

우리가 복음의 능력으로 우리가 있는 곳에서 살아낼 때, 하나님의 능력이 임하는 것이고, 하나님의 역사가 일어나는 것이며, 하나님의 임재가 임한다. 영적인 발전기로 살게 해달라고 기도하라. 전기가 끊어질 때 발전기를 돌려서 빛을 내는 것처럼 우리의 인생이 빛이 없는 곳에서 빛이 되는 삶이 되어야 한다.

지금까지 교회로서 살아가지 못하고, 너무 종교적인 삶을 살지는 않았는지 뒤돌아보라. 우리가 말로만 하나님을 섬기다가 어느 순간에 하나님의 영광과 너무나 멀어져 있는 자신의 모습을 볼 때가 있다. 말로 하는 것은 능력이 없다. 복음을 다시 한번 붙잡고, 다시 한번 복음 앞에 바로 서자.

내가 온몸을 바쳐 드리고 있다고 생각한 예배가 사실은 하나님이 기뻐하시는 제사가 아니라 내가 원하고 즐거워하는 제사가 된 것은 아닌가? 그것이 가장 미숙하고 잘못된 신앙의 모습이다.

하나님이 원하시는 것은 사명자로 사는 것이다. 그리

고 그 사명에는 '교회로서의 사명'이 있다. 사도행전의 초대교회의 모습처럼 흩어져서 복음을 전하는, 각자 각자가 교회로서 자신의 위치에 서기를 바라신다.

그렇게 살 때, 사도행전적인 역사가 우리 삶의 현장에서도 나타날 것이다. 가는 곳곳마다 하나님의 복음이 선포되며, 그 자리가 교회가 되고, 하나님이 주신 가치가 선포될 것이다. 그것이 교회가 되는 것이며, 교회가 되어가는 것이다.

교회로서의 사명을 방해하는 것

그런데 이렇게 교회로 살아가는 일들을 방해하는 것이 있다. 바로 우리의 태도다.

기독교 철학자 존 프레임(John Frame) 교수는 이런 말을 했다.

"우리는 자기 영광을 구하기 때문에 타인의 잘못을 찾아내려 한다. 논쟁을 좋아하는 사람은 언제나 논쟁거리를 찾으며 논쟁을 시작하고 평화를 깨뜨릴 방도를 찾는다."

교회와 공동체를 가장 흔들어놓는 것이 바로 '나 중심의 태도'라는 것이다. 자신의 영광을 구하는 것, 나 중심으로 살아가는 것이 평화를 깨뜨린다.

미숙한 사람은 교만하고, 성숙한 사람은 겸손하다. 자기중심적인 것은 미숙한 것이다.

만약 내가 어떤 일로 마음에 상처를 받았다거나 누군가로 인해 어려운 마음이 들었다면, 미숙한 사람은 '어떻게 나한테 그럴 수 있지?'라고 생각한다. 하지만 성숙한 사람은 '내가 그 사람에게 뭔가 잘못한 게 있지 않을까?'라고 생각한다.

자기의 영광을 구하는 태도 안에서 우리가 타락한다. 예수님을 주인으로 따르는 로드십이 안 되기 때문이다. 로드십이 바로 되지 않으면 교회로 사는 것도 불가능하다. 인생이 자기중심적이고 자신이 영광을 받고 싶어 하면서 어떻게 교회로 살아낼 수 있겠는가. 우리는 이런 자기중심적인 태도를 버리고 예수님만을 주인으로 삼는, 로드십을 회복해야 한다. 그럴 때 교회로서 살아갈 수 있게 된다.

흩어지기 싫어하면 교회로 살 수 없다

또한, 모여서 예배하는 것이 너무 좋아서 모이기에만 힘쓰고 흩어지기를 싫어하면 성도 한 사람 한 사람이 교회로 살아가는 사명을 제대로 이룰 수 없다.

예루살렘교회에 사람들이 물밀 듯이 밀려왔다. 그때 하나님이 결정하신 것은, 그들을 흩으시는 것이었다. 그들을 흩어서 전 세계로 보내셨다. 예루살렘 한 곳에서만 하나님의 역사가 일어나게 역사하시지 않고, 온 사방에 교회를 세우게 하시고 건강한 공동체를 세워가게 하셨다. 그리고 그렇게 흩어진 성도 한 사람 한 사람이 교회로, 복음 전파자로 살아가게 하셨다.

교회가 흩어지는 사명을 잊고 모이는 데만 열심을 낼 때, 직분 중심이 되고 세속화가 일어난다. 모여서 예배드리는 곳뿐만 아니라 우리 한 사람이 있는 곳, 세상에서 선 곳, 그곳이 교회가 되어야 한다. 흩어지는 교회의 가장 작은 단위는 바로 당신이다.

교회에 다니는 사람이 되지 말고, 교회가 되길 바란다. '우리 교회는 왜 이래?'라고 말하지 말고, 우리가 좋은 교회가 되어야 한다. 그것이 하나님이 우리에게 주신 놀라운 부르심이다. 우리에게 교회로서 살아가는 사명이 있음을 붙잡고 살아가야 한다.

교회는 건물이 아니다. 성도 한 사람 한 사람이 교회이고, 우리가 모이는 교회는 예배 처소일 뿐이다. 그러니 우리는 '내가 있는 곳에 교회가 세워진다'라는 사명으로 살아야 한다. 우리가 가는 곳마다 교회가 세워진다는 것을 믿으며 살아가야 한다.

우리가 교회로 살아갈 때 하나님의 역사와 하나님의 능력이 함께한다. 우리가 교회로 살아갈 때 하나님의 살아 계심이 분명히 임한다. 우리가 가는 곳곳마다 역사가 나타나고, 하나님의 기적과 더불어 하나님의 기쁨이 가득 찰 것이다. 우리는 살아나야 하고, 또 살아내야 한다. 하나님이 원하시는 교회로서의 사명을 살아내야 한다.

긍휼과 선교로 소망을 주는 공동체

교회는 선교와 긍휼이라는 두 기둥 위에 서 있다. 선교하고 긍휼을 베풀며 어려운 이들과 함께하고, 우리의 재정을 그들을 위해 사용하는 것을 중심으로 하나님께로 더 가까이 나아가는 것이 교회의 비전이고 가치다.

그래서 라이트하우스무브먼트의 네 번째 핵심 가치는 "Hope : 긍휼과 선교로 소망을 주는 공동체"이다.

교회로 사는 것은 긍휼과 선교로 나타난다

긍휼의 사전적 의미는 "불쌍히 여겨 돌보아 줌"이다. 조금 더 부연하여 정의하자면, 상대방에 대해 불붙는 마음으로 상대를 있는 그대로 받아주고 은혜를 베푸는 것이 긍휼이다. 우리가 사람을 있는 그대로 받아주고 사랑하는 것이, 하나님을 사랑하는 것이다. 하나님은 우리가 언약에 기초한 하나님의 성실하고 변함없는 사랑을 이 땅에서 나타내며 살아가기를 바라신다.

'우리는 교회를 다니는 것이 아니라 교회가 되는 것'이 우리의 사명이라고 했는데, 교회로 살아간다는 것은 하나님 앞에 예배만 잘 드려서 되는 게 아니라 궁극적으로 긍휼과 선교의 삶을 산다는 의미다. 우리와 가장 가까운 사람들부터 시작해서 멀리 있는 사람들까지, 어려운 사람을 도우며 사는 것이다. 긍휼의 삶을 살지 못하는 것은 교회로서 살고 있지 못하다는 의미이며, 예배자로 살아가지 못하는 것이다.

우리가 하나님 앞에 뜨겁게 예배드리며 나아가는 것도 중요하지만, 하나님의 말씀이 선포될 때 그 말씀을 붙잡고 또 우리가 붙잡은 그 말씀을 세상에 전하는 역할을 해야 하는데, 그것이 긍휼과 선교라는 모습으로 나타나는 것이다.

예수님이 우리를 대하신 것처럼, 우리도

우리가 누군가를 긍휼하게 여긴다는 것은, 주님이 우리에게 긍휼로 대하시고 두 번 세 번 기회를 주셨듯이 우리도 서로에게 그렇게 하는 것이다.

따라서 긍휼 사역은 꼭 어려운 사람을 대상으로 물질로만 하는 것이 아니라 우리와 가장 가까운 사람을 대상으로 하는 것이다. 가족, 친구, 친척 등 나와 가장 가까운 사람들부터 시작해서 직장 동료, 사업장에서 만나는 이들, 이웃 등 살면서 맞닥뜨리게 되는 사람들에게 긍휼하게 대하는 것이 나타나는 것이다.

예수님이 우리를 대하셨듯이 우리도 서로를 대하는 것이 우리가 살아야 할 삶이다. 그래서 성경은 이렇게 가르친다.

긍휼히 여기는 자는 복이 있나니 그들이 긍휼히 여김을 받을 것임이요 **마 5:7**

주님이 우리에게 바라시는 것은, 어려운 누군가에게 물

질을 흘려보내는 것에 그치는 것이 아니라 우리가 인생 속의 어떤 사건이나 사고에 긍휼한 모습으로 대처하는 것이다. 살다 보면 온갖 사건과 사고가 생기고 때로는 억울할 때도 있다.

그럼에도 불구하고 그것을 사건 중심으로 생각하는 것이 아니라 하나님 중심으로 생각하는 것이다. 팩트만 중요하게 생각하며 잘잘못을 따지는 데 급급한 것이 아니라 긍휼히 여기고 겸손함으로 받아들이고 사랑으로 넘어가는, 진심으로 하나님을 사랑하듯이 사람을 사랑하여 겸손하게 살아가는 것을 의미한다.

주님이 우리를 용서하셨듯이 우리도 그를 용서하고, 우리가 하나님의 온전한 축복을 받듯이 우리도 그를 축복하는 것, 이것이 가장 중요한 신앙적인 결단과 모습이다.

그렇게 살면서, 우리의 재정을 흘려보내며 선교하며 베푸는 것은 하나님이 우리에게 내주신 숙제와 같은 것이다. 긍휼은 주님의 마음이 있는 곳에 우리가 있는 것이다. 주님이 주신 숙제를 그렇게 감당하는 것이다.

여인이 어찌 그 젖 먹는 자식을 잊겠으며 자기 태에서 난 아들을 긍휼히 여기지 않겠느냐 그들은 혹시 잊을지라도 나는 너를 잊지 아니할 것이라 **사 49:15**

하나님이 우리를 잊지 않으시는 것처럼, 우리도 하나님의 마음으로 이 땅을 살아가면서 하나님의 사람들을 잊지 않는 것이다. 하나님이 이 땅에서 하나님의 손과 발이 되라고 하셨으니, 우리가 하나님의 손과 발로 살아가는 것이다.

예수 그리스도의 마음을 가지고 사는 것

라이트하우스 교회는 긍휼과 선교 사역에 재정을 우선으로 지출한다. 교회 내부적으로는 조금 무리가 되고 불편함이 따르더라도 최선을 다해 지출하려고 애쓰고 있다.

재정을 밖으로 흘려보내고 섬기는 일들을 행하는 것이 교회를 건강하게 한다. 교회가 안에서만 자꾸 돈을 쓰면 건강해질 수 없다.

그러다 보니 성도들이나 교회 내에 투자하는 비용은 거의 없는데도 재정이 넉넉하지 않다. 계속 흘려보내고 섬기기 때문이다. 우리가 조금만 덜 돕고 조금만 덜 흘려보낸다고 해서 문제가 되는 것도 아닌데, 그때그때 도울 기회에 맞닥뜨렸을 때 하나님이 주신 숙제라고 생각하기에 무리가 되더라도 그렇게 흘려보내고 있다.

주님의 뜻대로 사는 것은 희생이 따르는 것이며 불편함을 감수하는 것이다. 우리가 불편하지 않으면서 누군가를 섬길 수는 없다. 우리만 행복한 교회는 좋은 교회가 아니다.

예수님이 이 땅에 오셔서 우리의 죄를 다 지시고 십자가에 달리신 것처럼, 우리가 교회로 살아간다는 것은 그냥 '예수님을 믿는 사람'으로 사는 게 아니라 십자가를 지신 예수 그리스도의 마음을 가지고 살아가는 것이다.

우리가 맞닥뜨리게 되는 인생의 모든 사건에서 예수님처럼 받아들이는 것, 나의 죄와 아픔과 약함을 바라보고 하나님 앞에 회개하며 살아가는 것이 예수님의 마음으로 살아가는 것이다.

세상의 방법대로 한 대 맞으면 열 대를 때리며 어떻게 해서든 내가 당한 울분을 풀어내는 것이 중요한 게 아니라 하나님과의 관계가 제일 중요한 삶을 살아야 하는 것이다.

이 삶을 살아내지 못하기 때문에 우리의 신앙생활이 맨날 제자리다. 하나님의 긍휼을 입은 자로서 하나님과의 관계를 통해 우리의 인생 굽이 굽이에 있는 문제들을 해결해 가야 한다.

그러기 위해 갈라디아서의 말씀을 기억해야 한다.

내가 그리스도와 함께 십자가에 못 박혔나니 그런즉 이제는 내가 사는 것이 아니요 오직 내 안에 그리스도께서 사시는 것이라 이제 내가 육체 가운데 사는 것은 나를 사랑하사 나를 위하여 자기 자신을 버리신 하나님의 아들을 믿는 믿음 안에서 사는 것이라 갈 2:20

나는 죽고 예수께서 사시는 것이다. 자존심을 세우는 게 아니라, 긍휼하고 넉넉한 마음으로 우리 옆에 있는 사람을 향해 마음을 흘려보내는 것, 그것이 하나님이 원하시는 삶이다.

작은 자들을 위해 살아가자.
지극히 작은 자들을 위해 살아가고,
그들을 위해 경쟁하자.
그들을 위해 일하고, 그들을 위해 살아가자.

내 옆의 누군가를 돕는 것

영화 〈스파이더맨〉에 이런 대사가 나온다.

"누군가를 돕는 것이 모두를 돕는 것이다."

당신은 그 '누군가'를 도와본 적이 있는가? 아마 거의 없을 것이다. 어쩌면 '아닌데? 난 도우며 살아온 것 같은데'라고 할지라도, 잘 생각해보면 우리 주변의 작은 자들은 별로 생각하지 않은 채로 살아갈 때가 훨씬 더 많다.

오늘 하루를 살면서, 돌아오는 한 주를 살면서 우리에게 큰 의미가 없다고 여겨지는 사람, 존재감이 약한 사람,

그 작은 자를 향해 '찬물 한 잔'을 베푸는 실천이 있기를 바란다. 이것이 우리에게 주어진 숙제다.

'찬물 한 잔'이란 것은 여러 모습으로 적용이 가능하다. 우리가 할 수 있는 가장 작은 것 하나를 행하는 것이다. 그것이 주님이 우리에게 원하시는 모습이다.

선교적인 삶을 산다는 것은 불편함을 감수하고 내 옆의 작은 자 한 사람, 도움이 필요한 누군가를 세우고 살리기로 결정하는 것이다.

불편함을 감수하라

긍휼과 선교의 삶을 잘 살려면 우리는 계속해서 불편해야 한다. 우리가 편해지는 만큼 누군가를 돕지 못한다는 생각을 해야 한다. 우리가 낮아져야 한다. 우리가 낮아지고 나보다 남을 낮게 여기고 예수님을 대하듯이 그들을 대하는 것이다. 그런 모습이 우리의 신앙 속에 분명히 있어야 한다.

우리가 예수님의 손이 되고 발이 되는 것은 주님이 우

리에게 명령하신 것이다. 예수님은 주님의 향기로 살라고 말씀하셨다. 그리고 교회 공동체만 그래야 하는 게 아니라 우리 개개인도 누군가를 섬기는 삶, 십자가의 삶을 살기로 작정해야 한다. 그리고 그렇게 작정한 이상 우리는 반드시 불편함을 받아들여야 한다.

우리 마음이 그저 편하기만 하고, 우리가 원하는 대로만 펼쳐지는 것은 예수님을 믿는 삶이 아니다. 하나님이 원하시는 삶을 살려면 당연히 우리의 개인적인 인생에도 불편함을 감수해야 할 일이 생긴다. 마음의 불편함까지도 말이다. 내가 그렇게 잘못한 것 같지 않아도 내가 먼저 용서를 구하는 것, 내가 먼저 섬기는 것, 그런 것이 예수 그리스도의 계산법이다. 그래서 성경은 세상이 우리를 향해 '바보'라고 할 것이라고 했다.

혹시 당신은 세상에서 똑똑하다는

말을 들으며 살아가고 있진 않은가?

그렇다면 정말 예수 중심으로

살고 있는지 돌아봐야 한다.

세상에서 우리는 손해를 보며 살아가야 하는데, '손해 절대 안 보는 사람'이라는 말을 듣는다는 것은 지혜로운 것이 아니라 예수 중심으로 살지 못한다는 뜻이다.

내가 불편함을 감수해야, 내가 비록 손해를 볼지라도 그 손해를 감수해야 누군가를 도울 수 있다. 그것이 우리의 태도가 되어야 한다.

신앙의 증거가 지갑에서 드러난다

사실 지금 우리가 나누고 있는 모든 가치는 눈에 잘 보이지 않는다. 예수님을 주인으로 섬기는 것, 신령과 진정으로 예배드리는 것, 교회로 살아가는 것을 어떻게 눈으로 판단하겠는가? 그러나 선교와 긍휼의 삶을 사는 것은 눈으로 확인이 된다. 우리의 지갑을 보면 된다.

신앙이란
하나님이 나의 주인이시란 고백이며,
그 증거는 지갑에서 나타난다.

긍휼과 선교의 삶은 눈에 보인다. 우리가 이것을 점검해봐야 한다. 자신이 돈을 어떻게 사용하는지, 정말로 긍휼의 삶, 선교의 삶을 사는지 말이다.

혹시 길을 지나다가 날이 벌써 어둑어둑해질 때까지 물건을 다 팔지 못해서 자리를 뜨지 못하는 할머니를 만났을 때, 그 물건을 다 사본 적이 있는가? 길거리의 노숙인에게 따뜻한 말 한마디라도 건네보았는가? 긍휼과 선교는 눈에 보이지 않고 마음으로만 그치면 안 된다. 긍휼과 선교는 마음으로만 하면 안 된다. 우리 삶에서 실제의 행동으로 나타나야 한다.

이 땅에 오셔서 우리의 죄를 대신하여 십자가에 달리신 예수님이 부활하셨다는 놀라운 복음의 메시지가 전해졌으니, 그 복음이 우리의 삶 속에서 긍휼과 선교로 나타나서 우리의 새로운 간증으로 선포되어야 한다.

하나님이 원하시는 일을 해나가는 것, 구체적으로 누군가의 힘이 되어주는 하나님이 원하시는 삶을 살아가자.

끊임없는 변화와 변혁

우리의 끊임없는 변화가 교회와 세상을 변화시키고, 또 변혁으로 이어지게 한다. 이것이 라이트하우스무브먼트의 다섯 번째 핵심 가치인 "Transformation : 끊임없는 변화"이다.

교회는 변화가 있어야 한다. 변화가 없으면 죽은 것이다. 나의 옛 모습이 정리되어야 한다. 하나님의 말씀대로 살고, 세상의 가치에 마음을 빼앗기지 않고 하나님의 가치로 살아가는 변화가 끊임없이 일어나야 한다.

하나님의 말씀을 들을 때 "아멘"으로 끝나는 것이 아니라 그 말씀을 하나님이 내게 주신 숙제로 받고 실천하는 것, 그래서 나의 삶이 구체적으로 변화되어 가는 것이 우리 삶에 있어야 한다. 그리고 변화는 그 한 사람의 변화로 끝나지 않는다.

한 사람의 변화는 나비효과와 같아서 거기서 끝나지 않고 다른 사람에게 영향을 끼치게 된다. 그 한 사람의 변화가 교회와 세상의 변혁으로 이어지게 될 것이다.

훈련은 끝이 없다

'끊임없는 변화'는 우리가 주님 앞에 설 때까지 우리 안에서 계속해서 일어나는 변화를 의미한다. 그래서 우리의 훈련은 끝이 없다. 변화하기 위해선 훈련해야 하기 때문이다.

여러 해 동안 목회를 하면서 성도들과 훈련도 많이 진행했는데, 그때 내가 가장 두렵게 느꼈던 부분이 있다. 훈련 과정을 수료한 지체들이 과정이 끝났기 때문에 훈련이 끝났다고 생각하는 것이다. 하지만 훈련은 우리가 하나님나라에 갈 때까지 계속되는 것이다.

우리 교회에 여러 과정의 훈련이 있는데, 나와 함께 진행하는 훈련의 이름을 '서번트'(servant)라고 이름을 지었다. 이는 섬김으로 훈련을 받아들이지 않으면, 훈련을 받았다는 것 자체로 교만해질 수 있고, 내가 뭘 안다는 자고(自高)한 태도가 생길 수 있기 때문이다. '나는 훈련 다 받았어'라고 생각하는 것에서 바리새인과 같은 모습이 나올 수 있기 때문에 이 부분을 굉장히 주의해야 한다.

바리새인들은 할 수 있는 선에서 모든 율법을 다 지켰다. 그랬기 때문에 마음이 높아지고 교만했다. 우리는 율법을 다 지키지도 못하면서 행동은 바리새인 같을 때가 많다. 그런 우리의 모습을 돌아보고 문제의 심각성을 깨달아야 한다.

모든 훈련은
섬김의 자리로 나아가는 것이고,
모든 훈련을 통해 나와야 하는 열매는
겸손이다.

겸손하지 못하면 우리가 올바른 방향으로 변화되지 못하고 있다고 생각하면 된다.

사실 사람은 잘 변하지 않는다. 그리고 그 변화의 모습이 눈에 잘 띄지도 않는다. 그럼에도 불구하고 하나님은 우리를 만지셔서 예수님을 닮은 모습으로 변화시켜가신다. 우리가 예수님을 믿는다는 것은 변화를 위해서다. 예수님을 믿고 예수님을 주로 삼았는데, 주인이 바뀌었는데 우리 삶이 똑같을 순 없다. 이 사실을 기억하라.

변화의 시작 - 회개

변화의 시작은 어디서 올까? 그것은 회개로부터 온다. 회개는 우리를 하나님 앞에 온전히 서게 하는 작업이다. 하나님 앞에 무릎 꿇고 용서를 구하는 행위이기도 하면서, 영적인 일을 방해하는 것들을 내려놓는 작업이다.

영적인 삶을 사는 데 방해하는 것이 있다면 그것을 내려놓아야 한다. 이것이 회개에서 가장 중요한 부분이다. 내가 아무리 좋아하는 것이라 해도 그것이 영적인 삶을 방해하는 일이라면, 그것을 내려놓는 것이 회개다. 눈물만 흘리고 죄송하다고 말만 하면서 여전히 똑같이 사는 것은 회개가 아니다.

예수님이 이 땅에 계셨을 때, 가장 화를 많이 내셨던 때가 언제인가? 예수님이 화를 내신 적이 몇 번 있었는데, 그중 하나가 열매 없는 나무를 만나셨을 때다. 열매 없는 나무라는 것은 하나님의 창조 섭리를 거스르는 것이다. 하나님의 창조 섭리는 우리가 열매를 맺는 것이다.

열매를 맺으며 사는 것이 하나님의 창조 섭리인데도 불구하고 우리가 열매 맺는 삶을 살지 못하는 것은, 열매 맺는 일이 특별한 누군가만 가능한 일이라고 생각하기 때문이다.

"너도 못 해? 나도 못 해! 못 해도 괜찮지!"

이렇게 서로서로 위로하면서 하향 평준화를 추구한다.

여기서 더 나아가면 "너도 못 해야 하고, 나도 못 해야 해!"라는 식이 된다. 누구 하나가 열심을 내고 뛰어 오르면 "너 혼자 이러면 안 되지"라며 그 사람을 오히려 억누르는 쪽으로 움직인다.

그러다 보니 신앙생활을 한 지 10년이 지나도 그대로고, 20년이 지나도 그대로다. 이 수준에 머물러 있으면 우리 인생에 '변화'라는 게 나올 수 없다.

> 이미 도끼가 나무뿌리에 놓였으니 좋은 열매를 맺지 아니하
> 는 나무마다 찍혀 불에 던져지리라 나는 너희로 회개하게 하
> 기 위하여 물로 세례를 베풀거니와 내 뒤에 오시는 이는 나
> 보다 능력이 많으시니 나는 그의 신을 들기도 감당하지 못
> 하겠노라 그는 성령과 불로 너희에게 세례를 베푸실 것이요
> 마 3:10,11

열매를 맺지 못하면 나무는 쓸모없다. 왜냐하면 열매
맺지 못하는 것은 하나님의 창조 섭리에 어긋나기 때문이
다. 창조 섭리에 어긋나는 나무는 쓸모가 없어서 불에 던
져진다는 것이다.

그래서 세례 요한을 통해 우리에게 주시는 메시지가 무
엇인가? 우리가 성령으로 세례를 받으면 예수님의 이름으
로 기도할 수 있게 되는데, 그러면 우리에게 나타나야 하
는 현상이 주님의 성품을 닮아가는 것과 더불어 우리 삶
에서 예수 그리스도라는 열매를 맺어가는 것이다. 즉, 예

수라는 열매가, 그분의 모습과 언어와 생각이 우리 삶 속에 나타나야 한다는 것이다.

변화의 핵심은 예수님을 닮아가는 것

기독교의 핵심은 십자가이며, 예수님이다. 그리고 예수님의 삶을 닮아가는 것이다.

꽃이 떨어져야 열매가 맺힌다. 계속 꽃으로만 살고 싶으면 열매를 맺을 수 없다. 내가 죽어야 열매가 나타난다.

십자가가 핵심이라면,
우리 삶에 십자가가 분명하게 있어야 한다.
십자가를 질 수 있느냐고 물어보시는
주님 앞에 우리의 분명한 반응이 있어야 한다.

파스칼이 얘기한 것처럼, 인간은 다 공허하기 때문에 무언가로 채우려고 한다. 하나님으로 채워지기 전에는 이 공허함이 온전히 채워지지 않는다고 하지만, 하나님을 모르기 때문에 혹은 세상 것에 대한 욕심을 내려놓을 수 없어서 많은 이들이 하나님이 아닌 다른 것들로 채우려고 한다.

세상 사람들은 그렇게 세상 것들로 채워도 공허함이 사라지지 않을지언정 갈등은 없다. 하지만 예수님을 믿는 사람들은 갈등이 생긴다. 주님은 우리에게 "평안하라"라고 말씀하셨는데, 우리의 내면은 전쟁 중이다. 나는 세상에서 살고 있는데 주님은 "너희는 세상의 빛이 되어라"라고 하시니, 갈등이 깊어진다.

하지만 갈등이 있다는 것은 지금 변화되고 있다는 증거다. 그러니 이 갈등에 너무 기죽지 말라. '나는 왜 이런 것들로 갈등할까?' 자책하거나 기죽지 말고 이 갈등 자체가 내가 조금씩 변화되고 있음을 보여주는 증거임을 기억하고 용기를 내라.

몸이 약한 사람이 약을 먹거나 운동을 해서 건강해질 때도 한 번에 건강해지는 것이 아니라 몸에 여러 이상 반응들이 생기기도 하면서 시간이 지나면서 점차 건강해지는 것처럼, 영적으로도 그렇다.

구체적인 적용이 있을 때 변화가 일어난다

그렇다면 이 갈등 구조가 그리 나쁘지 않다는 것을 전제하고, 우리는 어떻게 하면 더 아름다운 변화 속에서 살아갈 수 있을까?

> 내가 기뻐하는 금식은 흉악의 결박을 풀어주며 멍에의 줄을 끌러주며 압제당하는 자를 자유하게 하며 모든 멍에를 꺾는 것이 아니겠느냐 또 주린 자에게 네 양식을 나누어 주며 유리하는 빈민을 집에 들이며 헐벗은 자를 보면 입히며 또 네 골육을 피하여 스스로 숨지 아니하는 것이 아니겠느냐 그리하면 네 빛이 새벽같이 비칠 것이며 네 치유가 급속할 것이며 네 공의가 네 앞에 행하고 여호와의 영광이 네 뒤에 호위하리니 네가 부를 때에는 나 여호와가 응답하겠고 네가 부르짖을 때에는 내가 여기 있다 하리라 만일 네가 너희 중에서 멍에와 손가락질과 허망한 말을 제하여 버리고 **사 58:6-9**

여기서 이사야는 온전한 금식, 곧 하나님을 기쁘시게 하는 금식에 대해 설명하고 있다. 그것은 금식기도로 끝나는 것이 아니라 금식을 통해 소비하지 않은 물질들을 어떻게 사용하는 데까지 가야 하는지를 말씀하고 있다.

변화의 핵심은, 하나님을 향한 기도가 물론 반드시 있어야 하지만, 그 기도를 통해 삶의 구체적인 적용이 있어야 한다는 것에 있다. 그런데 사람들은 금식에만 집중하는 바람에 '금식했다'라는 데서 끝난다.

그러나 이사야는 하나님을 기쁘시게 하는 금식은 그런 게 아니라 거기서부터 일어난 은혜와 깨달음으로 약한 자를 섬기고, 음식을 나누고, 하나님이 주신 메시지를 세상을 향해 나누는 것이라고 한다.

우리가 어떻게 하면 변화될 수 있는가? 예배를 드렸다면, 예배를 통해 받은 은혜를 나누는 것이다. 기도를 했다면 기도를 통해 하나님 앞으로 나아갈 뿐 아니라 하나님의 뜻대로 행해야 한다는 책임감을 갖는 것이다.

삶에 행함이 있다면, 우리는 변화된다. 그리고 우리가 변화되는 그 모습을 통해 비록 작은 부분이겠지만, 세상이 변화된다.

하나님의 메시지를 내게 주신 말씀으로 받으라

또한, 변화되는 삶을 사는 데 가장 중요한 것은 하나님의 메시지가 나에게 들려야 한다는 것이다. 어떤 영적인 체험이 나를 일시적으로 한 단계 이끌어 올릴 수는 있으나, 나를 계속 책임져주지는 못한다.

주님과 동행하지 않고,

주님의 말씀을 붙잡지 않고,

매일매일 사투하며

주님의 말씀을 살아내지 않는 이상,

우리 삶에 변화가 일어날 수 없다.

말씀을 들을 때, 그 말씀이 나에게 주시는 말씀으로 들려야 한다. '이 말씀은 ○○가 들어야 하는데'라는 마음이 사라져야 한다. 그런 생각은 교만이다.

하나님의 말씀을 들을 때, 십자가 중심의 메시지를 들을 때 우리 안에 변화가 일어난다. 그 변화를 사모해야 한다. 사모한다는 것이 변화의 상징이고 열매다. '나는 왜 이렇게 변화되지 않는지 모르겠다'라고 고민하며 변화를 사모하는 것 자체가 변화하고 있다는 증거다.

용기를 내라. '나는 왜 이 모양이야'라고 자책할 일이 아니라, 그만큼 나아지고 있는 과정 중에 있는 것이다.

그럴 때 한 발자국이라도 더 하나님 앞으로 나아가는 과정이 필요하다. 한 발자국이라도 더 십자가 앞으로, 한 발자국이라도 예수님 가까이로 나아가는 것이다. 그것은 나를 고수하지 않을 때, 나를 내려놓을 때 일어나는 일이다. 나를 고수하면 망한다.

크리스천이 자아를 내려놓는 작업을 매일매일 하지 않으면 우리의 변화가 계속 긍정적으로 이뤄지지 않는다. 변화라는 것은 긍정적일 수도 있고 부정적일 수도 있다. 어떤 신학자는 천국으로 가는 우리의 모습을 '사다리'로 표현했다.

우리가 매일, 매주 예배를 드리고 하나님을 중심으로 살아가는 동안 사다리의 한 계단식 올라서는 것이다. 그러다 예배를 제대로 안 드리거나 예수님 생각을 하지 않으면, 한 계단만 내려오는 게 아니라 우르르 한꺼번에 여러 계단을 내려오기도 한다.

그러니까 주님과 가까워지는 변화가 있든지, 주님을 떠나가는 변화가 있다는 것이다. 그래서 성경은 항상 깨어 있으라고 촉구한다.

순종으로 변화의 열매를 맺는다

믿음은 순종으로 열매를 맺는다. 그리고 그 순종의 결과가 '변화'인 것이다. 성경의 말씀이 아무리 내 귀에 좋게 들리더라도 순종으로 나아가지 않으면 소용없다.

우리가 병에 걸렸다고 해보자. 아주 실력 좋은 의사에게 찾아가서 진료를 받고 좋은 약을 처방받아 왔다. 그 약을 먹으면 반드시 낫는다. 그런데 그걸 안 먹는 것이다. 이것이 우리가 말씀에 순종하지 않는 모습과 똑같다.

'순종'이라고 하면 굉장히 대단하고 특별한 일 같지만 그렇지 않다. 그냥 하는 것이다. 아이가 부모님의 말씀에 "네" 하고 따르는 것처럼, 하나님의 말씀에 "네" 하고 따르는 것이다.

자녀를 키워보면 알겠지만, 자녀가 부모의 말에 "네" 할 때 얼마나 예쁜가? 아이가 점점 커가면서 부모의 말에 "싫어. 안 해"라고 하기 시작하면, 그때부터 갈등이 시작된다. 그래서 성경은 '주 안에서 예 하고 아니라 함이 없다'라고 말씀하는 것이다(고후 1:18-20 참조).

우리가 하나님 앞에 "네"라고 말씀드리며 나아갈 때, 하나님이 기뻐하신다. 하나님 앞에서는 어떤 나쁜 행동보다 순종 없이 '자기의'로 똘똘 뭉친 것이 가장 큰 문제다. 이것을 기억하라.

이런 것을 볼 때, 세상에 유혹도 많고 영적으로 공격하는 것들도 많지만, 가장 중요한 영적 싸움은 '나와의 싸움'임을 알 수 있다.

그런데 '나'라는 인간이 만만치가 않다. '나'를 이겨야 한다. 자신의 약하고 부족한 모습을 한없이 후한 눈으로 보면서 '에이, 어쩔 수 없지. 이런 게 나야' 하고 싸움을 포기하지 말라. 하나님은 우리가 오늘보다는 내일이 더 나아지기를 바라신다. 그래서 결국에는 연단되어 순금과 같이 나아오기를 바라신다.

주님을 사랑함으로 한 걸음씩 나아가자

교회 안에서 대체로 가장 열심 있는 분들은 예수 믿은 지 얼마 안 된 새신자다. 그들은 매주 새롭고 놀랍다. 그 감격이 열심으로 나타난다. 그런데 예수님을 믿은 지 20년, 30년 된 분들은 매주 그렇게 지내왔기 때문에 감사나 감격을 모르고 산다.

어느 남자와 여자가 비밀연애를 한다고 해보자. 그들은 안 들키려고 열심히 숨기지만, 주변 사람들은 벌써 다 알고 있다. 안 들키려고 해도 서로를 향해 레이더를 켜고 있는 모습이 감춰지지 않기 때문이다.

그런 것처럼 주님을 사랑하는 것을 숨길 수 없다. 거꾸로 얘기하면, 사랑 없이 종교적인 삶을 사는 것도 숨길 수 없다. 종교적인 삶을 타파하지 않으면 우리에게 돌파구가 생길 수 없다.

주님을 향한 그 사랑으로 주님의 말씀을 내게 주신 말씀으로 받을 때, 그리고 그 말씀을 내 삶에 적용하고, 순종으로 나아갈 때 '변화'라는 열매를 맺을 수 있음을 기억하자.

변화를 향한 도전을 멈추지 말라.

끊임없는 작은 변화들이 변혁으로 이어질 것이다.

나의 작은 변화를 통해 공동체가 변화될 것이고,

공동체의 변화를 통해 이 땅이 변혁될 것이다.

이것이 라이트하우스무브먼트의 다섯 번째 핵심 가치다. 이것을 위해 우리의 다짐이 필요하다.

"하나님! 제가 그런 인생을 살겠습니다. 주님의 말씀에 순종함으로 끊임없는 변화를 이루어가는 삶을 살겠습니다. 결단하겠습니다."

그리고 세상으로 나아가는 것이다. 우리의 무대는 교회가 아니라 세상이다. 우리의 작은 변화가 세상의 변혁으로 이어지기를 꿈꾸면서.

첫 번째 고비 넘기기

대형교회 출신 부목사가 서울 근교에 교회를 개척했다. 첫 예배에 모인 성도가 천 명이 넘었단다. 요즘 조언을 구하러 나를 찾아오는 분들은 대부분 삼사십 대 개척교회 목회자들이다.

그 분들은 뜨거운 커피를 쓴 한약처럼 삼키며 한탄한다. 자신들도 큰 꿈을 가지고 교회를 시작했는데 2,3년이 지나도 교회가 지지부진이라고.

한 목사님은 지난 1년간 교회를 찾은 방문자가 한 명도 없었다고 한다. 나는 그들에게 큰 교회가 당신의 꿈이냐, 한 영혼이 얼마나 귀하냐 같은 조언을 건네고 싶진 않다. 왜냐하면 그들의 마음은 이미 광야와 같이 척박하기 때문이다.

출석 성도 20명 세우기

라이트하우스무브먼트는 이제 26곳에 교회를 개척했다. 지난 5년 동안 하나님께서는 바쁘게 움직이셨고, 우리는 순종했다.

라이트하우스무브먼트도 다른 개척교회처럼 늘 맨땅에 개척하기에 몇 곳을 제외하고는 적은 인원의 예배 공동체로 시작했다. 그리고 그 길을 걸어본 경험을 통해 예배 출석 20명을 만드는 것이 교회를 지탱하는 데 아주 중요한 과업이라는 것을 알게 됐다.

그러니 20명 이상의 성도와 함께 개척교회의 출발선에 섰다면, 깊이 감사하라. 절대 불평하지 말라. 20명의 예배 공동체는 생각보다 강하다. 함께 사역을 고민할 수 있고, 예배의 분위기도 뜨겁게 이끌어 나갈 수 있다.

아무 기반 없는 맨땅에서 성도 20~30명을 세워가는 일은 쉽지 않다. 하지만 가만히 있으면 아무 일도 일어나지 않는다. 무언가 해야 한다.

성도를 교회에 등록하는 게 급선무가 아니다. 물론, 새로운 성도들이 와서 교회에 등록하고 자리를 잡으면 좋겠지만, 아직 사람이 없는 공동체에 새로운 성도가 먼저 등록하기란 쉬운 일이 아니다.

첫째, 지인 찬스를 쓴다.

그래서 우리는 도움이 필요하다. 우선 지인들에게 신앙생활을 하든 하지 않든 상관없이 주일예배만 참석해달라고 요청해보자. 지인들은 상황을 누구보다 잘 아는 사람들이다. 도움을 요청하라. 개척교회 멤버가 목사 가정밖에 없다면 더욱 그래야 한다. 절대 교회와 함께해달라고 하지 말고, 예배만 참석해달라고 부탁하자.

둘째, 기존 성도의 도움을 받는다.

개척 초기에는 예배 시간을 오후로 하고 기존에 알고 있던 성도 중에 1,2년만 함께해줄 수 있는 사람을 찾아보자. 오전에는 다니는 교회에 출석하고 오후에만 함께해달라고 부탁하는 것이다.

분립 개척은 이런 면에서 큰 힘이 된다. 최근에 만난 한 목사님도 분립 개척을 통해 70여 명의 성도가 2년여를 함께해주었다고 한다. 5년 차를 맞은 지금, 그 분들은 모두 본교회로 돌아갔지만, 교회는 적잖은 부흥을 경험했다고 한다.

함께 예배할 수 있는 사람 10명만 와도 충분하다. 함께 뜨겁게 예배를 드리면, 뜨거운 공동체는 반드시 부흥한다. 집회를 많이 다니면서 느끼는 것은, 뜨거운 공동체가 부흥을 경험한다는 것이다.

셋째, 자신만이 할 수 있는 전도 방법을 찾는다.

시도해볼 수 있는 것 중 하나는 여러 형태의 독서 모임이다. 청년반, 남자 성인반, 여자 성인반 등 준비를 잘하면 좋은 기회가 열린다. 특별히 그림책을 통해 자신의 마음을 나누고 토론하는 귀한 사역을 감당하는 분들도 있으니, 찾아보고 조언을 구하는 것도 방법이다.

넷째, 구청이나 동사무소를 통해 동네의 일에 참여한다.

개척 공동체가 여전히 작은데도, 구청이나 동사무소를 통해 긴밀하게 동네 일을 돕는 목사님들도 많다. 시간은 조금 걸리지만 자주 길을 찾아 다니다 보면 신선한 일을 해낼 수 있다. 동네 의사들과 협력해 선행의 흐름을 만들기도 하고, 음악회를 여는 분도 있다.

다섯째, 목회자 자신이 전도자가 되어야 한다.

노방전도를 하든지, 학교를 찾아가 아침마다 아이들과 하이파이브를 하든지, 직접 나가서 전도하라.

이런 전도는 사실 열매를 빠르게 볼 수 없다. 하지만 나는 믿는다. 우리가 영혼을 향해 뜨거운 마음으로 나아갈 때 하나님이 그 모습을 보시고 우리에게 영혼을 맡기신다는 것을 말이다.

예배에 총력을 기울여라

그리고 계속 강조하지만, 이런 노력과 더불어 반드시 예배에 총력을 기울여야 한다. 전력으로 말씀을 준비하고, 주일을 기대하며, 영혼을 보내주실 것을 기대하라. 사람을 부러워하지 않고 순전한 마음으로 부흥을 갈망하

는 것과 부흥한 사람을 부러워하는 것을 헷갈리지 말아
야 한다.

다른 사람 보지 말고 예배 잘 준비하고
하나님께서 불쌍히 여겨주실 것을 간구하자.
우리에게는 그 길밖에 없다.

오늘도 대한민국 곳곳에서 작은 예배당을 지키며 하루
에도 열두 번 천국과 지옥을 오가는 마음을 부여잡고 그
자리를 지키는 모든 개척교회 동역자들을 응원한다.

사람이 모이는 공동체가 되려면

사람이 그립다. 개척의 길은 사람이 그리운 걸음의 행진이다. 예배 시간이 가까워지면 온 신경이 예배당 문으로 향하고 곤두서지만, 오늘도 새로 온 사람은 없다.

'한 영혼을 외치며 개척했는데, 혹시나 정말 한 영혼으로 끝나는 교회가 되지는 않을까?'

이런 생각이 머릿속을 맴돈다. 걱정이 자존심까지 건드린다.

사람이 모이는 교회의 특징

"어떻게 하면 사람이 모일까요?"

쉽게 답할 수 있는 질문은 아니지만, 개척하고 사람들

이 모이는 교회에는 몇 가지 특징이 있었다.

첫째, 설교자의 열정적이고 긍정적인 메시지다.

설교자가 소수의 사람들 앞에서 설교할지라도 수많은 사람들 앞에서 설교하는 것 만큼 뜨거운 열정으로 긍정적인 메시지를 전한다.

개척하고 빠른 시간 안에 수적 부흥 없이 고립을 겪으면서 비뚤어지는 설교자가 많다. 세상을 비판하고, 기독교를 비난하며, 한국의 교회들이 큰 문제라는 메시지를 매주 한풀이하듯 외친다.

그러나 비판의 메시지는 사람을 살리지 못한다. 목회자가 살리지 못한 그 사람 역시 공동체를 떠나거나 교회를 비난하게 된다. 부정이 부정을 낳을 뿐이다.

둘째, 따뜻함을 느끼게 한다.

똑똑한 교회보다 따뜻한 교회가 좋다. 들어오는 길부터 안내판과 함께 특별한 마음을 느끼게 한다. 활력이 넘치는 목사가 교회 문 앞에서 크게 인사를 전한다. 에너지가 넘치는 곳에 사람이 모인다.

따뜻함으로 공동체를 채우면 사람도 채워진다. 온기 없이 차갑게 식은 공동체에 머물고 싶은 사람은 세상 어디에도 없다.

셋째, 느긋함으로 상황을 대처한다.

'포커페이스'여도 좋다. 서두르는 모습을 극복하든지 아니면 적어도 목자가 당황하고 있음을 들키지 마라. 서두르는 리더를 보게 되면 어떤 사람도 그 공동체에 발을 내딛지 않는다.

일상의 조급함에 찌든 성도들에게 여유와 아늑함을 주는 리더야 말로 공동체에 견고한 울타리를 만들 수 있다.

넷째, 따뜻하고 행복한 이미지를 전달한다.

지금은 이미지로 소통하는 시대다. 사진을 찍고 행복한 모습을 사회관계망서비스(SNS)에 올린다. 사람이 많지 않아도 괜찮다. 교회 모습이나 공간의 일부, 다이소나 이케아에서 산 예쁜 소품을 찍어도 좋다. 행복한 모습은 사람의 마음을 연다.

다섯째, 교회 밖 사전 모임을 적극 활용한다.

개척교회일 때는 교회에 바로 초대하는 것보다는 사적인 자리에서의 만남을 통해 교회에 대한 이야기를 먼저 나눠 보면 좋다. 소그룹이 가능한 숫자일 때면, 소그룹별 식사를 통한 새로운 사람의 초대가 적절하고 효과적이다.

교회 안에 발을 디디기 전에, 미리 교회가 언제 시작되었는지, 어떤 교회인지를 듣고 오면 조금 적은 숫자가 모여 있더라도 이해가 된다. 그렇게 만들어진 이해는 공동체의 디딤돌이 된다.

하나님이 주신 나만의 길로

최근에도 목사님 한 분이 찾아오셨다. 미국 교단에서 사역하시는 분인데, 교회 개척에 경험이 많은 분이다. 그분과 나눈 대화 중에 마음에 남는 말씀이 있었다. 누군가를 흉내 내는 사역이 아니라 창조적인 개척 사역이 얼마나 가치 있는지에 대한 말씀이었다. 정말 공감한다.

교회를 시작한 뒤, 사람들이 많이 모이고 크게 성장하는 것만이 우리가 추구해야 할 길은 아니다. 하나님이 기뻐하시는 교회는 세상 중심이 아닌 하나님 중심으로 나아가는 공동체다. 공동체의 크기는 중요하지 않다. 사람이 찾아오는 교회는 사람에게 입맛을 맞추는 곳이 아니다. 오히려 목사의 가슴속에 하나님이 주신 그림대로 그 교회를 꾸준히 만들어갈 때, 사람들은 그 공동체의 일원이 되어간다.

처음 시작할 때 꿈꿨던 교회를 다른 어떤 것과 타협하지 말라. 몇 사람의 의견에 흔들리지 말라. 그 교회는 세상에 필요하기에 주님께서 주신 꿈이다. 꿋꿋하게 준비하면서 공동체를 세워가자.

오늘도 크게 한숨 한 번 쉬고 웃으며
한 걸음만 나아가 보자.

사람이 모이는 교회는 모든 개척교회 목사의 바람이다. 이를 원하지 않는 사람은 없다. 하지만 그 마음을 멈추고 속도를 늦춰야 한다.

공동체는 쉽게 이루어지지 않는다. 건강하고 아름다운 공동체라면 더욱 그렇다. 개척의 자리에서 아름다운 공동체를 향해 한 걸음씩 나아가는 그 걸음 자체가 귀하다.

개척 후 성도들이 조금씩 모이게 되면 자연스럽게 조직을 만들게 된다. 새 술은 새 부대에 담아야 한다. 절대 전통적인 조직을 만들지 마라.

전통적인 조직이 잘못됐다는 것은 아니다. 다만 새로운 일을 하려면 새롭게 소통해야 하는데, 옛 조직으로 새로운 일을 하는 것이 어려울 뿐이다.

새로운 조직

직분 중심에서 사역 중심으로 교회를 움직이려면 조직 자체가 '사역 중심적'이어야 한다. 명칭도 전통적으로 익숙하게 사용하던 것들에서 벗어나 새로운 느낌을 주는 것이 좋다.

예를 들면 '운영위원회'라는 단어를 많이 쓰는데, 교회는 운영보다는 '사역'이나 '섬김'이 훨씬 좋다. 운영이 회의 중심이라면 사역이나 섬김은 목양 중심적인 느낌을 준다.

예전에 쓰던 '구역'이나 '교구'라는 단어도 대체할 만한 단어를 고민해보는 게 좋다. 라이트하우스 서울숲의 경우 교구 단위는 '하우스'로, 구역은 '테이블'이라고 부른다. 물론 젊은이 중심의 공동체라서 가능하다. 하지만 분명히 기억해야 한다. 개척은 새로움이 큰 무기라는 것을 말이다.

단어를 선택할 때는 누구나 사용하기 편한 것이 좋다. 라이트하우스 해운대는 소그룹을 '등대'라 부르고 리더를 '등대지기'라 부른다. 이렇게 일반인들도 부르기 쉬운 호칭이 좋다.

큰 교회의 시스템이나 구조는 개척교회에 그다지 도움이 되지 않는다. 개척을 한 뒤 기존 시스템을 접목하면 새로운 교회라는 느낌을 주기 어렵다. 단어와 호칭을 고민하고 새롭게 세워가는 것이 중요하다.

예배와 친교 그리고 소그룹까지도 기존 명칭에서 벗어나 그 교회에만 존재하는 명칭을 만드는 것은 좋은 이미지를 심는 방법이다. 명칭만 바뀌어도 새로울 수 있다는 것을 잊지 말고 하나씩 준비하면 좋겠다.

유기적인 조직

조직을 세울 때는 개척교회의 강점인 '빠른 의사결정 구조'를 잘 활용해야 한다. 지향점을 바르게 설정한 사역들을 빠르게 결정하고 진행할 수 있도록 만든다.

많은 기성 교회들은 사역을 이행하기에 앞서 필요 이상으로 많은 회의를 거치고 진행 과정도 매우 느리다. 이런 점은 우리가 지양해야 할 부분이다. 개척교회는 유기적으로 소통하고 빠르게 결정하면서 모든 일에 대처하는 것이 좋다. 조직을 꼭 기성 교회의 모습과 같이 전부 만들지 말고, 되도록 필요한 부분만 만들어서 진행하라. 의사 결정 기관을 최소화해 불필요한 조직이 생기고 진행 속도가 느려지지 않게 하는 게 지혜롭다.

어느 교회는 3년 임기인 장로를 매년 뽑기도 한다. 성도 중 상당수가 장로다. 그리고 매주 거의 서너 시간씩 당회가 진행됐다. 이런 모습은 목양 중심으로 움직이는 교회의 모습이 아니다.

목양과 사역 중심의 조직이 되도록 처음부터 단순하고 일하는 조직을 만들어야 한다.

개척 후에 많은 조직보다는 소그룹을 만들고 소그룹 리더들이 행정을 맡으면 가장 좋다. 그 외에 다른 리더십 그룹은 만들지 말고 일하는 사람들이 회의하고 진행하면 빠르게 모든 사역을 진행할 수 있다.

잊지 말자.

개척교회의 강점은

빠르게 진행하고 대처하는 것이다.

목회자가 지치지 않을 수 있는 조직 구조를 만들고, 성도들도 힘써 일할 수 있는 목양 중심의 구조를 만든다.

기쁜 마음으로 개척해 열심히 사역하다가 성도들로부

터 "우리 교회는 무엇이 다른가요?"라는 질문을 받을 때 움츠러들지 않도록 모든 부분에서 새롭게 준비해보자. 오늘도 새로운 아이디어를 위해 기도하며 애쓰는 개척 현장의 모든 분투를 응원한다.

함께하면 행복한 개척 공동체

개척 훈련 학교 플랜팅 시드

'플랜팅 시드'(Planting Seed)는 라이트하우스의 1년 과정의 개척 훈련 학교다. 개척을 준비하는 목사님들과 함께 공부한다.

개척 노하우를 나누고 전문가들을 모셔서 강의를 듣는데, 목사들의 강의가 반, 다양한 분야의 전문가들의 강의가 반이다. 목회자의 강의만큼 전문가들의 강의도 큰 도움이 된다.

한 기수마다 2,30명을 뽑고 함께 일 년을 보낸 후에, 그중에서 한두 분이 라이트하우스에서 개척을 한다. 라이트하우스무브먼트에 함께하자고 공부하는 게 아니라, 개척을 준비하고 나누는 시간이다.

그 과정에서 내 역할은 하나다. 예비 개척자들의 특기와 은사를 죽이지 않고 발현할 수 있게 돕는 것이다. 목회 환경은 어느 하나 동일하지 않고 저마다 제각각이다. 그런 만큼 각각의 공동체를 이끌어가는 리더들의 강점이 극대화되어야 한다. 그래야 교회가 산다.

또한, 각자에게 주신 기질과 은사가 도드라질 때 찾아오는 외부의 오해와 공격이 있을 수 있다. 그럴 때 울타리와 방패가 되어주는 것도 나와 라이트하우스무브먼트의 역할 중 하나다.

이 책에도 한 꼭지로 담았는데, '플랜팅 시드' 첫 강의는 "핑크빛에서 잿빛으로"다. 개척하면 사람들이 몰려올 것이라는 꿈 같은 일은 벌어지지 않는다. 그 현실을 받아들이는 자세가 필요하다. 하나님 앞에 드리고자 하는 구체적인 모습이 있어야 한다. "우리 교회는 이런 교회입니다"라고 명확하게 브랜딩을 했을 때, 비로소 비전이 구체화되고 교회 이름도 지을 수 있다. 어쩔 수 없이 하는 개척은 패망의 지름길이다.

굽이굽이 위기의 길

개척의 길은 쉽지 않다. 일단 개척하면 첫 목표는 장년 성도 20명을 모으는 것이다. 성도 30명 정도가 되면 위기가 오기 쉽고 마음이 급해지기 시작한다.

위기를 잘 통과하면 70명의 공동체로 성장할 수 있는데, 그 과정에서 반드시 관계적인 문제로 위기를 겪는 시기가 온다.

리더로서 조율에 실패하면 한 가정이 20여 명을 데리고 떠나기도 한다. 이때, 그 속상함과 우울함을 가족들에게 표출하는 우를 범하기도 쉽다. 그럴 때일수록 더욱 남아 있는 성도에게 집중하라. 남아 있는 성도들부터 살뜰하게 챙기며 집중하다 보면 '리바운드' 되는 때가 분명히 온다.

굽이굽이 쉽지 않은 개척의 길에서, 힘들 때 비슷한 경험을 가진 사람을 만나는 게 중요하다. 만나서 국밥 한 그릇, 커피 한 잔하면서 풀어내는 것이다. 그래야 회복 탄력성이 생긴다. 그렇게 함께하는 과정이 플랜팅 시드이다.

착한 사람 최재영. 플랜팅 시드 2기 때 그를 처음 만났다. 진실하고 겸손한 그와 함께하는 나눔의 시간은 풍성했다. 겸손은 가르칠 수 없다. 그는 또한 순수하고 열정이 있으면서도 강단이 있다. 예배에 대한 감각이 뛰어나고 주를 향한 마음이 참 이쁘다.

그는 개척을 준비하면서 플랜팅 시드에 참여했는데, 섬김이 몸에 배어 있는 사람이라 강의가 진행되는 동안 커피를 내려와서 함께 강의를 듣는 모든 분을 섬기곤 했다. 목회에서 '섬김'은 참 중요하다. 이 역시 가르칠 수 있는 영역이 아닌데, 특별히 잘 섬기는 분들이 있다. 은사라고 생각한다.

최 목사 부부와 함께 교제하면서 개척의 꿈을 함께 꾸기로 했다. 지역을 파주로 정하고 함께 기도하며 장소를 찾았다. 준비는 쉽지 않았다. 상상 못 할 어려움과 공격도 있었고, 마음을 어렵게 하는 일들도 많았다.

사람들에게 실망하고 여러 가지 어려움을 겪으면서도 교회를 향한 그의 열정은 더 뜨거워졌다. 개척에 대한 그의 진심이 느껴졌다. 섬기는 것을 즐거워하고 사람을 좋아하는 그가 개척할 교회가 기대되었다.

1년여의 준비 끝에 주일에만 학원을 빌려서 예배를 드리기로 했고, 은혜로 창립 예배를 드렸다. 창립 예배에 참석하여 말씀을 전하는데, 목사님 내외가 눈물을 흘리며 진심으로 감사하는 모습 속에서 '오늘도 이곳이 작은 천국'임을 경험했다. 교회는 서서히 부흥하기 시작했다. 유연하게 섬기며 견고하게 목회하는 그는 정말 외유내강의 개척자다.

모든 라이트하우스 교회가 똑같은 방법으로 세워지는 것은 아니다. 준비 기간도 다르고, 교단도 다르며(교단은 담임목사의 소속 교단으로 들어가게 된다), 목회자의 스타일도 다르기 때문이다.

그러나 한 가지 공통점은 있다. 그것은 개척에 대한 진정성, 그리고 하나님이 기뻐하시는 교회를 하고자 하는 열정이다.

세련된, 촌놈 목사

우직하고, 의리 있고, 촌스러운 김관성 목사. 그는 투박하고 거칠게 표현하지만, 누구보다 영혼을 사랑하고 사람을 귀하게 여기는 목사다. 'SNS 스타 목사'로도 유명한 김관성 목사와는 첫 만남부터 마음이 통했다. 그때부터 마음을 나누는 형제로 교제하고 있다.

어느 날은 그가 마음을 쏟아 세운 행신침례교회를 제자에게 물려주고 울산으로 가겠단다. 자신이 울산 출신이기에 그곳에서 교회를 하고 싶다고. 그는 자신의 고향과 교단에 애정이 지극했다. 그때만 해도 그러려니 했다. 그런데 그가 라이트하우스와 함께하겠단다.

"저도 라이트하우스무브먼트 할게요."

그래서 내가 물었다.

"너는 어디든 혼자 해도 될 텐데 뭐하러 라이트하우스무브먼트에 들어오냐?"

그러자 김 목사가 이렇게 대답했다.

"형, 부흥해서 개척하는 교회들 함께 먹여 살리자."

고마웠고, 든든했다.

"콩 하나 있으면 나눠 먹자."

나의 말에 그는 이렇게 응수했다.

"형, 저도 열심히 하겠습니다."

그렇게 라이트하우스 울산 낮은담교회가 시작되었다. 그는 함께함의 중요성을 누구보다 귀하게 여긴다.

백만 원의 사나이

제주도에 청년들이 모여 있다고, 간절히 와달라는 요청을 받았다. 정말 갈망한다고, 구구절절 긴 편지였다. 제주도로 날아갔다. 거기서 김영훈 목사를 만났다.

왜소한 몸, 그러나 살아 있는 눈, 자신감 있는 목소리. 그의 첫인상이었다.

이런저런 이야기를 하다가 전임 사역자인데 사례비로 백만 원을 받는다는 이야기를 들었다. 그래서 생활은 어떻게 하느냐고 물었더니, 빚도 지고 이리저리 어찌저찌 지내고 있다고 했다.

담임목사를 원망할 만도 한데, 원망 비슷한 말도 한마

디를 안 했다. 그리고 자신이 이 교회에서 계속 사역하는 이유를 이렇게 말했다.

"제가 여기 제주도에 와보니 아이들이 마음을 잘 안 열어요. 제가 다가가려 해도 계속 멀리하려 하고. 그래서 이유를 물었더니 전도사님들이 오셔도 1년만 있으면 다 떠나간다는 거예요. 그래서 제가 아이들에게 약속했습니다. 내가 너 졸업하는 건 보고 가겠다고. 적어도 3년은 있겠다고요."

아직 젊다는 말도 이른 것 같은 90년생 젊은 목회자가 이런 생각을 하고 있다니. '오랜만에 이런 녀석을 다 보네' 싶었다.

앞으로 어떤 목회를 하고 싶냐고 물으니 망설이지도 않고 바로 대답한다.

"개척이죠!"

그래서 라이트하우스무브먼트에서 함께 준비하면서 시작하게 되었다.

처음엔 제주도에서 개척을 준비했다. 그러다 전화를 한 통 받았다. 그의 친구였다.

"일산에서 개척해. 그럼 내가 그 교회에 갈게."

그 친구는 교회를 다니지 않는 불신자였다. 그래서 김영훈 목사는 제주도에서 개척하려던 마음을 접고 일산에서 개척했다. 그런데 그 친구는 오지 않았다.

개척이 그렇다. 계획대로 되는 일이 없다. 그리고 1년 후…. 그 친구에게서 전화가 왔다. 교회에 오겠다고. 개척이 그렇다. 사람의 계획대로는 안 되지만, 하나님의 시간표대로 이어진다.

행복이 영성이다

내 나이 스무 살이었다. 다니던 대학 근처에 개척하신 목사님을 돕는 사역을 시작으로, 지금까지 목양 현장을 지나왔다. 부교역자부터 교회 개척과 세 개의 단체 설립, 대형교회 목회를 거쳐 순회 선교도 경험했다.

많은 사역자가 '진정한 영성을 소유한 목사는 어떤 목사일까?'를 고민한다. 이에 내 대답은 단언컨대 '행복한 목사'다.

행복을 지키는 기적

목회는 힘들다. 개척은 더 힘들다. 생활 보장도 안 되는 게 개척이다. 이중직을 해야 하는 상황도 있다. 막막하다.

그러다 마음이 비뚤어지면 세상이 원망스럽다. 큰 교회 목사들은 다 타락했고 기존 교회는 건강하지 못하다고 비판한다. 노력해도 상황이 쉽게 변하지 않는 개척 현장에서 '행복'을 지키는 것은 사실상 기적이 필요한 일이다.

사실 나도 순회 선교를 하기 전까지는 행복에 대해 깊게 생각해본 적이 없었다. 많은 업무를 처리하고 죽도록 충성만 하면 된다고 생각했다.

대형교회 사임 후 하나님께서는 4년간 수많은 선교지를 다니게 하셨다. 선교지를 거치며 선교사님들이 현장에서 얼마나 고군분투하는지 알게 됐고, 선교지에서 일어나는 기적들을 보았다.

그런데 그 사역의 과정은 저마다 매우 달랐다. 어느 선교사님은 만날 때마다 어려움을 토로하며, 자신이 사역하고 있는 나라와 국민을 비난했다. 피곤과 가슴앓이가 쌓여서 흘러나온 아픔들이다.

그런데 선교사님들 중에 또 정말 많은 분은 자신이 있는 나라를 사랑하셨다. 너무 힘들지 않냐고 물으면 항상 한국에서 목회하는 분들이 더 어렵지, 자신들은 너무 좋다고 했다. 대체로 그렇게 말씀하시는 분들의 사역은 건강했고 열매가 충만했다.

행복한 목사는 힘이 있다

절대로 그 분들의 상황이 더 좋은 게 아니었다. 여기서 큰 깨달음이 있었다. 행복한 목사는 힘이 있다는 것이다.

그의 설교는 힘을 주고 행복을 나눈다. 목사가 행복하지 않으면 부정적인 언어가 나온다. 성도들에게 긍정적인 메시지를 줄 수 없다.

목사가 행복해야 에너지 넘치는 공동체를 세울 수 있다. 따라서 개척교회 목사에게 가장 힘든 숙제는 "행복하라"라는 것이다.

물론 아픔 없는 인생은 없다. 목사는 사람들의 반복되는 배신과 상처 속에서 견디기 힘들 때가 많다. 열정 하나로 교회를 시작했고 애써 버티며 사역하고 있지만, 교회는 자리를 자리를 못 잡고 몇 안 되는 성도마저 흔들릴 때면 당연히 자괴감이 든다.

가장 힘든 숙제,

행복할 것.

부산 서쪽 끝자락에 교회를 개척해 목회하는 아우들이 있다. 그들은 네 명 정도 자주 만나고 의논도 하며 또 집회도 함께한다. 개척에서 가장 큰 적은 고립이다. 적극 연합하자. 주위에 교회를 개척하고 비슷한 상황에 있는 목사나 나와 잘 맞는 친구 목사를 찾아 함께하자. 연합해서 집회를 하면 적은 숫자가 모여도 큰 힘을 받을 수 있다.

라이트하우스무브먼트도 각 교회 담임목사가 나름의 목회를 펼치면서도 공유하고 있는 라이트하우스의 다섯 가지 공동체 고백에서 힘을 얻는다. 선교와 긍휼 사역을 함께하는 것도 큰 힘이 된다. 작은 교회가 할 수 없는 사역도 연합하면 가능해진다.

목사는 행복을 찾아야 한다. 잃었던 행복을 찾아야 한다. 기존 교회를 비난한다고 절대 부흥하지 않는다. 생명의 말씀은 그 말씀으로 살아나 기쁜 마음으로 전하는 목사에게서 나온다.

만족하기란 쉽지 않다. 맨땅에 개척한 직후에는 교인 20명만 나오면 만족할 것 같다. 하지만 막상 20명이 나오기 시작하면 50명만 됐으면 싶고, 또 50명이 되면 100명만 있으면 무슨 사역이든 다 할 것 같다. 이미 자리를 잡은 기존 교회에서 사역하는 목회자도 어려움 속에서 사역하기는 마찬가지다.

자신만의 사역에 감사할 점을 찾지 못하면 비뚤어진다. 비뚤어진 목사는 불행하다. 다른 목회자와 교회를 비난하고 그 사역을 부정하면 본질이 아닌 지엽적인 것에 빠지게 된다.

개척교회 목사로서 장점을 찾아 감사하고 누리라. 당회가 힘든 교회의 경우, 그것이 얼마나 목회의 진을 빼는지 아는가? 개척교회는 당회가 없다. 오랜 성도들이 주인 행세하는 교회가 얼마나 많은지 모른다. 개척교회는 그런 사람이 없다. 있다 해도 개척 목사는 해결할 수 있다.

좋은 점을 극대화하고 오늘 하루를 즐겁게 보내는 방법을 터득해야 한다. 개척의 길은 하루하루 사는 것이다.

너무 멀리 보지 말고 오늘 하루를 행복하게 살아보는 것,
그것이 진정한 영성이 아닐까.

　개척의 길은

　하루하루 사는 것.

　오늘 하루를 행복하게 사는 것이

　진정한 영성이다.

위기를 이기고 전진

PLANTING SEED

위기 없는 사역은 없다

목회는 순탄하지 않다. 참 이상하다. 사랑의 하나님을 믿고 예배하는 공동체에 왜 그리 문제가 많은지…. 우리가 죄인임이 틀림없다. 목회의 위기로 이어지는 사건 사고도 많다.

성도가 떠나가는 것

아마도 개척 후 가장 가슴 아픈 위기는 성도가 교회를 떠나는 일일 것이다. 성도 한 사람이 찾아오면 세상이 환해진다. 강단에 선 목사에게 용기가 생기고 신나게 설교할 힘도 생긴다. 교제 시간에 그 성도를 맞이하며 환하게 웃어본다. 그날의 기쁨은 한참이나 이어져 '어쩌면 교회가 이렇게 자리를 잡아갈 수 있지 않을까' 생각하게 된다.

그런데 그렇게 귀한 성도가 갑자기 교회를 떠나겠단다. 그야말로 마른 하늘에 날벼락 같은 일이다. 대부분은 이런 이유를 댄다.

"예배는 너무 좋은데 교제할 수 있는 성도가 너무 없고 힘들어요."

그렇게 성도가 떠나면 세상은 다시 어두워진다.

'이렇게 성도가 한 명씩 떠나가면, 교회는 언제 세워질 수 있을까?'

잠시나마 가득했던 희망이 사라지고 절망이 부풀어 오른다.

가장 큰 위기 요소

목사 자신이 할 수 있는 모든 것을 생각해보지만, 뾰족한 수는 단 하나도 없다. 개척해서 큰 교회를 이룬 목회자들의 말을 들어보면, 기도하고 전도하면 교회가 채워진다는데, 그런 일은 다른 세상 이야기다.

개척교회에 가장 큰 위기 요소는 '목사의 절망'이다. 번듯한 교회의 목사들은 대접도 잘 받고 대우도 잘 받지만, 개척교회 목사는 죽어라 섬기고 사랑해도 쉽지 않다. 마음의 우울함은 목회의 열정을 차갑게 식힌다. 그나마 남아 있던 한 줌의 용기마저 꺾어놓는다.

목사의 우울은 다른 어떤 사건 사고보다 심각한 위기를 초래한다. 인간이기에 겪는 목사의 아픔을 성도들과 나누어 보지만, 성도들은 도리어 부담을 느낀다.

성도와 성도 사이의 갈등과 위기가 찾아오기도 한다. 얼마 되지 않는 성도들 사이에 시기나 질투, 싸움이나 다툼이 일어나면 목사로서 해결하기 쉽지 않다. 그 상황에서 한쪽 편을 드는 것도 절대 안 되지만, 그냥 놔두는 것 또한 안 된다.

서로를 따로 만나서 이야기를 나눠보고, 그 후에 같이 만나서 조율해가며 상황을 종료시키는 것이 가장 무난하다. 최악의 상황은 그 일로 성도가 교회를 떠나버리는 것이다. 그렇게 되면 남아 있는 성도 전체의 분위기가 어렵게 되고, 목사의 리더십도 치명적인 상처를 입는다.

위기에 대처하는 법

개척하고 뜨겁게 열정이 올라오다가도 또 너무 힘드니 때려치우고 싶은 욕구가 치고 올라온다. 그 두 감정 사이에서 자신의 멘탈을 잘 붙잡는 것만으로도 아주 훌륭한 일이다. 그 길 위에서 버티고 있다는 것이 아주 값지다.

위기가 찾아오지 않는 사역은 없다. 그리고 그 위기는 결코 당신의 사역을 평가할 수 없다. 게으르고 허튼짓을 해서 오는 위기는 차라리 감당하기 쉽다. 그러나 대부분의 위기는 최선을 다한 후에 찾아온다. 스멀스멀 피어오르는 먹구름처럼.

그럼에도 불구하고 최선을 다하는 것 외에 우리가 할 수 있는 일은 없다. 산 넘어 산이다. 위기를 수습한 후에 잠시 평안의 시간이 찾아오기도 하지만, 위기는 이내 또 찾아온다. 마치 파도와 같다. 하나가 밀려갔나 싶으면 또 하나가 밀려온다.

파도는 맞서지 말고 타야 한다. 위기와 기회가 종이 한 장 차이로 오락가락할 때 본질을 붙잡고 열심히 앞으로 나아가야 한다.

위기가 닥쳤을 때는 되도록이면 혼자 있지 말아야 한다. 개척한 선배를 찾아가라. 아마도 비슷한 경험이 있었을 가능성이 높다. 성도들은 목사가 그들에게서 상처를 받는다는 사실을 잘 모른다. 자녀는 부모에게 상처받았다고 말하지만, 부모는 자녀에게 받은 상처를 말하지 않는다. 목사와 성도 사이도 비슷한 것 같다.

목사는 견뎌야 한다. 성도에게 직접 말하지 말고, 이야기를 나눌 선배 목사를 찾는 게 지혜롭다. 위기에서 우울로, 우울에서 절망으로 가지 않도록 노력해야 한다. 함께하면 혼자보다 훨씬 견디기 쉽다. 당신 혼자만 겪는 위기가 아니다.

그러니 위기가 오기 전에, 위기의 순간에 국밥 한 그릇 나눌 선배를 찾아놓는 것이 가장 좋은 보험일 수 있다. 이는 라이트하우스무브먼트를 시작하면서 내가 가장 중요하게 생각했던 부분이다. 가족 같은 공동체, 그래서 위기의 때에 서로 더 끌어안을 수 있는 공동체가 필요하다.

목회에는 정답이 없다. 모든 상황이 다르고 대상이 다르다. 재정 문제 때문에 어려운데, 성도 문제까지 터지면 버티기 어렵다. 그럴 땐 본질을 기억해야 한다. 본질은 항상 처음 가졌던 생각이다.

처음 꿈꾸었던 교회를 다시 한번 눈을 감고 그려보자. 그리고 그 교회가 이 위기 속에서도 한 걸음 내디디고 있음을 믿어본다.

빠르게 내달리진 못해도.

아장아장 한 걸음씩.

위기 속에서도 그 길 위에서 버티고 서서 한 걸음씩 나아가는 당신을 응원한다.

작년 5월에 라이트하우스 서울숲에서 4주년 예배를 드렸다. 4년 동안 많은 일이 있었다.

출발선이었던 서울 방배동에서부터 현재 서울숲까지의 여정은 쉽지 않았다. 그동안 라이트하우스 서울숲을 이끌어 온 젊은 목회자 임형규 목사의 리더십과 메시지가 크게 쓰임 받았다.

더 이상 헤어지지 말자

4주년 예배 때 말씀을 전하며 "하나님께서 인정하시는 삶과 교회가 되자"라고 외쳤지만, 그러면서도 그날 내가 가장 중요하게 전했던 메시지는 "더 이상 헤어지지 말자"

였다. 그 메시지의 배경은 명확했다. 초창기 멤버들이 많이 보이지 않았기 때문이다.

라이트하우스 서울숲은 이제 주일에 예배를 세 번 드리고 모든 예배가 성도들로 가득 차는 공동체가 됐다. 그래도 초창기 멤버들이 보이지 않는단 사실에 마음이 무겁다.

교회 개척의 기쁨은 성도들이 오는 것이다. 새로운 성도들이 와서 정착하며 신앙이 회복되는 모습을 보는 것이 가장 큰 기쁨이다. 그리고 가장 큰 아픔은 성도가 떠나는 것이다. 이것은 아무리 목회 경험이 쌓여도 익숙해지지 않는 아픔이다.

게다가 대부분의 떠남은 축복 속에서, 좋은 분위기 안에서 이루어지지도 않는다. 서로 오해하는 과정 속에서, 좋았던 시간만큼이나 깊은 상처를 낸다.

목사는 그래도 설교해야 하고 양육해야 한다. 가정의 가장은 아무리 어려워도 든든히 서 있어야 하듯이, 목사도 그렇다.

그럴 때 혼자 있자면, 온갖 생각이 스쳐 지나간다.

'대체 어디서부터 잘못된 것일까? 그때 조금 다른 방식으로 말을 전했으면 그 성도가 공동체를 떠나지 않았을 텐데….'

꼬리에 꼬리를 물고 이어지는 생각들이 마음을 훔쳐가고 평안은 저 멀리 도망간다. 교회를 세울 때의 기쁨은 잊히고 우울함과 절망이 어두운 구름으로 몰려온다. 자기도 모르는 사이에 인터넷에서 부교역자 자리를 검색해본다.

불안할 때 어둠을 보지 말라

불안을 좋아하는 사람은 없다. 목회는 살얼음판을 걷는 것과 같다. 오늘은 좋다가도 또 언제 시험이 올지 모르고, 오늘까지 어려워도 내일부터 좋아질 수도 있다.

하나님을 붙잡는 믿음은 고통 중에 잡을 수 있는 유일한 밧줄이다. 문제는 너무 어렵고 힘들 때면 그 밧줄을 잡을 힘조차 없다는 것이다. 그때 절대 잊지 말아야 하는 게 있다. 지금도 나와 함께해주고 있는 성도들이다.

내가 봐야 할 것은

떠나간 성도가 아니라

지금도 나와 함께해주는 성도들이다.

자칫 잘못하면 나를 지지해주고 사랑해주는 성도들을 보며 감사하기보다 어려움과 상처에 더 붙잡힐 수 있다. 이는 목사가 범하게 되는 치명적인 실수 중 하나다.

존경하던 고(故) 정필도 목사님이 해주시던 말씀이 있다.

"설교를 말 안 듣는 성도를 향해 준비하지 말고 목사에게 가장 집중하는 성도를 향해 준비하자. 그러면 설교가 축복이 된다."

불안 속에서 어두움을 바라보지 말라. 떠나는 성도를 보느라 남아 있는 분들의 귀함을 잊지 말자. 불안과 가슴 앓이 속에서 감사와 축복을 잊지 말자. 또, 속으로 앓지 말고 누군가와의 솔직한 대화를 통해 새로운 힘을 얻자.

꿈이 있어 가는 길

최근에 만난 한 목사님은 지난 3년간 단 한 명의 방문자도 없었다고 한다. 목회를 계속 하는 것이 옳은 것인지 내게 물었다. 내가 어찌 그 답답함을 시원하게 해줄 수 있을까.

나는 그저 목사님께서 처음 교회를 시작했을 때 꿈꾸던 교회가 있었는지를 물었다. 잠시 후 그는 환한 표정으로 그런 교회가 있다고 대답했다. 나는 "그러면 답을 아시지 않나요"라고 말했다. 우리는 웃었다.

꿈이 있어도 현실은 녹록지 않다. 시스템을 갖추라는 조언들도 많이 하는데, 그것은 교회 개척을 해보지 않은 사람들의 말이다. 개척에 시스템이 어디 있나. 그저 맨땅뿐이고, 맨땅은 혹독하다.

그러나 새 술을 새 부대에 담듯 새 시대에 교회는 새롭게 개척돼야 한다. 비록 성도가 떠나고 재정이 없어도, 우리는 이 길을 가는 개척자다. 지금 있는 성도가 진짜다. 그들을 섬기면 된다. 떠난 사람 아쉬워하지 말자. 미워하지도 말고 마음에 두지 말자.

오늘도 출근해서 진한 커피 한 잔 마시고 정신 차리고 말씀을 준비하자. 개척교회 목사가 할 수 있는 일은 설교 준비다. 제일 좋은 것으로 성도들을 먹이자.

텅 빈 마음을 설교 준비로 채우고 있을 개척 동역자들을 응원한다.

2023년 여름에 호주 시드니를 다녀왔다. 라이트하우스 시드니 공동체를 만나보고 싶어서였다. 고군분투하며 아름다운 공동체를 세워가는 신제승 목사를 만나, 시간 가는 줄 모르고 이야기를 나눴다. 그와 나눈 이야기 속에서 그동안의 헌신이 느껴졌다.

그는 사모와 함께 아직 어린 삼 남매를 데리고 교회를 시작했다. 좋은 성도들이 모였다. 그들에겐 각자의 간증이 있었다. 어떤 성도는 자신을 위해 하나님이 교회를 세우셨다고 회고하기도 했다. 저마다의 크고 작은 신앙 역경을 나누는 가운데 잔잔한 감동과 울컥한 고백이 있었다.

집회를 마치고 주일 저녁에 한 성도의 가정에서 바비큐 파티가 열렸다. 세 가정이 힘을 모아 준비한 식탁은 풍성했다. 여러 음식과 맛깔나는 디저트까지 차려진 식탁을 나누며, 긴 시간 이야기꽃이 피었다.

남반구에 속하는 호주는 여름을 시작하는 한국과 달리 쌀쌀한 가을날이었다. 호주의 가을밤이 따뜻한 이야기로 가득 찼고, 뜨거운 눈물을 흘리는 풍경이 펼쳐졌다. 교회가 세워진 덕분에 살았다고, 어디로 가야 할지 모를 때 교회가 등대가 되어주었다는 고백은 들어도 들어도 기쁘고 또 기쁘다. 작은 천국이었다.

작은 천국의 기쁨

그렇다. 교회는 작은 천국이다. 교회를 세우는 일은, 개척은 작은 천국을 만들어가는 것이다. 하지만 항상 천국은 아닐 것이다. 그래서 그 자리에서 성도들에게 말했다. 라이트하우스 시드니 공동체에도 분명 어려움과 아픔은 올 것이라고.

그것은 어쩌면 교회로서의 정체성을 찾아가는 과정일 수도 있고, 악한 사탄의 공격을 받아내는 훈련일 수도 있을 터다. 지금 누리는 행복과 작은 천국의 기쁨을 지속적으로 누리길 기도하는 마음에서 꺼낸 이야기였다. 알고 대비해야 지금 누리는 기쁨을 계속 이어갈 수 있기 때문이다.

척박한 개척의 발걸음 속에서도 작은 천국의 퍼즐 조각들이 많아지고, 언젠가 개척교회들이 그 퍼즐을 완성하길 기도한다. 모일 때마다 천국을 연습하며 작은 천국을 경험하는 교회가 이 땅에 세워지길 간절히 바란다.

있는 것에 감사하고 없는 것에 실망하지 말자

지금 당장 없고, 안 되는 것에 너무 마음을 뺏기지 말자. 작은 감사들이 더해져 천국을 만들어가는 것임을 잊어선 안 된다. 떠나간 성도들을 아쉬워하지 말고, 지금 함께하는 성도들의 삶 속에 천국이 이루어지도록 기도하자. 주일예배가 성도들이 천국을 맛볼 수 있는 영적 예배가 되도록 기도하자.

교회를 사랑하는 성도를 당연하게 여기지 말고, 예배만

오가는 성도에게도 너무 실망하지 말자. 성도들의 마음에 천국을 잃어버리는 일이 없도록 목회자부터 애쓰자.

성도들이 목회자를 귀히 여기지 않는다고 느낄 때 오는 절망감은 깊은 상처로 이어진다. 사람을 보지 않고 하나님만 본다고 하지만, 애쓰는 목사 자신의 삶을 통째로 부정당하고 인정받지 못한다는 느낌이 들 때가 있다. 그럴 때 목회자 마음에 있던 천국은 무너진다.

성도들은 예민하게 목사의 표정을 읽는다. 그리고 어두운 그림자가 공동체에 스며든다. 그럴 때는 당신의 목회를 인정하고 존중하는 성도를 만나라. 마음의 어려움은 나누지 않더라도 긍정적인 에너지를 얻으라. 매번 힘들게 하는 성도들만 만나고 심방하지 말라.

개척교회 목사는 대개 충성하는 성도들에 대한 믿음이 두텁다. 사역의 중추적인 도우미가 되어주는 이들이기 때문이다. 그러나 목양적 돌봄에 있어선 그들이 사각지대에 놓이게 될 때가 많다. 아이러니하게도 믿기 때문에 덜 신경을 쓰게 되는 것이다.

오히려 목회자는 교회에 완전히 정착하지 못하고 헌신

하지 못한 채 빙빙 도는 성도들에게 많은 시간을 투자한다. 그러는 사이에 목회자의 심령은 어두워지고, 헌신적인 성도들은 지쳐간다.

헌신하고 애쓰는 성도부터 우선 섬기고 양육하자. 그 성도들이 작은 천국을 경험하고 누릴 수 있도록 아름다운 교제 시간도 충분히 가져보자. 천국이 경험되는 예배와 교제는 공동체를 소망으로 가득 채운다. 어두움이나 부정적인 언어를 몰아내고 마음을 열어 깊은 나눔이 있는 시간을 만들어가면, 교회는 서서히 강건하게 세워져 가게 될 것이다.

오늘도 작은 천국의 퍼즐 조각을 하나하나 모아가는 모든 개척교회를 응원한다.

새로운 교회를 꿈꾸며, 그래도 개척!

PLANTING SEED

충남 서산에 대를 이어 묵을 만드는 곳이 있다. 다양한 재료로 만들어진 맛깔나는 묵이 어머니의 손에서 딸에게로 전수되고, 정성이 듬뿍 담긴 그 음식은 대를 이어 손님들의 식탁에 오른다. '음식은 정성'이라는 본질을 가르치고 그 정성으로 식탁에 올려진 음식은 그곳을 찾은 손님의 마음까지 따뜻하게 한다.

우리에겐 따뜻한 곳이 필요하다

험난한 세상에서 예수 믿는 사람으로 살아가는 것은 때로 너무 힘든 일이다. 1인 가구의 증가세가 이어지면서 소통은 점점 더 줄고, 따뜻함을 전달받을 곳이 사라지고 있다. 특히 코로나19 팬데믹 이후 성도들은 교회가 아닌 개인적인 공간에서 온라인으로 예배드리는 것이 자연스러워졌고, 엔데믹 시대를 맞이하고도 여전히 온라인 예배를 선호하는 이들이 많다.

많은 기업이 재택근무를 시행하기 시작했고, 이삼십 대 직원들의 업무 만족도가 이전보다 높아졌다는 결과도 나왔다. 그 이유 중 하나가 불필요한 관계의 스트레스가 없다는 것인데, 아마 교회의 상황도 비슷할 것 같다.

하지만 효율적이고 스트레스 없이 편한 것만이 전부는 아니다.

우리에겐 따뜻하고 안전한 곳이 필요하다. 집으로 돌아올 식구를 위해 따뜻한 밥을 준비하고 기다리는 어머니의 손길이 필요하다.

개척교회는 이런 공동체를 구현하는 데 최적화되어 있다. 아직 구성원의 수가 적고 모이는 것이 어렵지 않을 때, 따뜻한 식탁 교제를 준비해서 자주 모일 수 있으면 참 좋다.

따뜻한 피난처가 되는 교회

교회는 피난처가 되어야 한다. 단순한 피난처가 아니라 따뜻한 피난처가 되어야 한다. 외로움에서 벗어날 수 있도록, 절망을 나눌 수 있도록, 슬픔을 이겨낼 수 있도록 교회는 피난처가 되어야 한다.

좋은 마음으로 교회에서 밥상공동체를 세우고 나누며 따뜻한 피난처를 만들어 갈 때 가장 힘든 순간은, 끝까지 받기만을 원하는 분들을 마주할 때다.

개척 초기엔 함께 섬길 힘이 없고 육체적으로나 정서적으로 어려움을 겪는 분들이 많이 찾아오신다. 내가 삼십 대 초반에 서울에서 개척했을 때도 그랬다. 개척 초기에 여러모로 사정이 안 좋은 분들이 오셨다. 교회를 이끌어 가기도 힘든데, 도와야 할 분들이 많았다.

새벽에 기도할 때마다 "하나님, 일꾼을 보내 달라고 했더니 매번 아픈 분들만 보내주십니까?"라고 항의 기도를 하기도 했다.

하루는 하나님께서 '마음이 아픈 사람을 일꾼으로 만드는 게 목회'라는 말씀을 주셨다. 맞다. 진득하게 열심히 하다 보면, 그리고 세월이 좀 지난 뒤에 보면 어느새 그 분들이 변화되고 훈련을 받아 교회의 핵심 일꾼으로 변해 있다!

교회는 피난처다.
어머니 품 같은 따뜻한 피난처다.
그 피난처를 준비하고
시작하는 게 개척이다.

교회는 건물이 아니기에 사실 그 피난처는 바로 우리 자신이다. 우리는 척박한 땅 위에 견고하게 서서 따뜻한 온기를 가진 피난처가 되어야 할 소명으로 부르심을 받았다.

그렇게 노력하며 산다고 누군가 알아주는 것도 아니다. 그럼에도 불구하고 피난처로 살아가야 한다. 교회가 이 땅에 희망이 되려면, 그리고 개척이 의미가 있으려면 그래야 한다.

열매는 반드시 맺힌다

지치지 말자. 퍼주다가 섭섭함을 갖지 말자. 끝이 없어 보이는 섬김에도 열매는 따라온다. '회복'이란 단어의 힘을 손에서 쉽게 놓지 말고, 오늘도 아낌없이 내어주자. 길을 잃은 영혼을 위해, 그리고 길을 걷기를 포기한 영혼을 위해 주께서 이 땅에 교회를 개척하신다.

작은 공동체만이 할 수 있는 일들을 감당하고 그 과정에서 주님의 은혜를 구하자. 그리고 우리도 그 은혜로 피난처를 삼자. 세상에 피난처가 필요하지 않은 사람은 한 명도 없다.

똑똑한 공동체보다 따뜻한 공동체를 추구하자. 많은 것을 알고 배우는 공동체보다 한 마디라도, 한 걸음이라도 따뜻함이 느껴지는 공동체를 만들자. 성도들이 많아지는 것도 기쁘지만, 성도 한 명이 그 따뜻함 속에서 회복되는 공동체를 세우자.

지금 섬기고 있는 공동체가 누구를 위한 피난처가 될 수 있을지 점검해보자. 지치고 힘들어하는 시대, 아프고 상처받은 시대에 주님은 이 땅에 교회를 세우시고 당신을 그곳에 심으셨다. 아직은 땅속 씨앗처럼 잘 보이지 않아도 반드시 싹이 트고 열매를 맺을 것이다.

따뜻한 피난처를 세우느라 고군분투하는 당신을, 그리고 당신이 맺을 열매를 응원한다.

이 땅에 공동체는 많다. 하지만 새로움을 끊임없이 지향하는 공동체는 개척을 통해서만 가능하다. 변혁을 향해 조금 더 유연한 생각을 가지고 준비해야 한다. 세상의 가치로 목회를 평가하지 말고 건강한 공동체로서 가야 할 길을 걸어가야 한다. 아무리 어렵다 해도 새로운 공동체가 시대적으로 필요하다. 누가 뭐라 하든 그래도 개척이다.

어려워도, 그래도, 개척

현실은 어렵다. 먹고 사는 길이 막막하다. 오늘의 혹독한 목회의 장을 물려준 선배로서 후배들에게 뭐라 말하기도 미안한 게 솔직한 심정이며 현실이다.

목사님들과 만나 이야기를 나누다 보면 입안에 털어넣은 커피가 항상 쓴 물로 변하는 시간을 경험했다. 현재 라이트하우스무브먼트 교회들도 모두 애쓰지만, 각자 저마다의 한계와 어려움에 봉착해 있다.

그러나 그래도 개척을 해야 한다. 목회의 비전을 향해, 그리고 사람 살리는 공동체를 세우기 위해, 비본질에 시간을 낭비하지 않기 위해 우리는 교회를 세워야 한다.

교회는 건물이 아니다. 눈에 보이는 예배 처소에 모든 에너지를 투입하는 일은 하지 말자. 성도 한 사람 한 사람이 교회가 되게 하고, 그들이 서 있는 곳이 교회가 되도록 사역하자.

개척한 뒤 가슴 아픈 일을 겪고 상심하는 여정을 지나게 될 때가 있다. 하루 이틀이 아닐 것이다. 그럴 때 좌절과 한탄으로 시간을 허비하지 말자. 선배의 국밥 한 그릇에 힘을 얻자. 개척의 시간을 처절한 시간으로 만들지 말자. 기쁨과 즐거움을 빼앗기지 말자. 아무리 어려워도, 그래도 개척이다.

상처가 독이 되지 않길, 그래도, 개척

한 사람 앞에서 전해지는 설교가 많은 청중 앞에서 전하는 어떤 말보다 힘이 있길 소망한다. 한 사람을 만나 양육하고 훈련함이 기쁨의 시간이 되길 간절히 소망한다. 심방하고 밥상을 나누는 시간이 작은 천국이길 기도한다.

애쓰고 힘써 세워가던 성도가 비수를 꽂으며 떠날 때도 그 상처가 독이 되지 않길 기도한다. 아무리 그런 일이 있어도, 그래도 개척이다.

새벽에 나와 기도하며 함께 기도해줄 성도를 기다릴 때, 외롭지 않기를 응원한다. 애써 고민하고 힘차게 준비한 성경공부를 가르칠 성도가 아무리 적어도, 힘을 다해 외치는 입술이 되길 응원한다.

개척 후 시간이 지나고 생계의 압박이 덮칠 때도 그저 절망만 하지 않기를 응원한다. 자신의 시간을 쪼개어 생계를 책임지는 일을 하며 교회를 세워갈 때, 누군가의 말 한마디에 마음이 다치질 않길 응원한다. 교회에 출근하며 교회를 왜 개척했나 하는 생각으로 가슴이 무거워져도, 그래도 개척이다.

이 모든 일은 어느 한 사람에게만 있는 일이 아니다. 개척하면 다 겪는다. 사람이 조금 모여도 어렵고, 안 모이면 더 어렵다. 소위 잘나가는 동기들의 소식이 그리 반갑지 않다. 그 소식을 축하하고 격려하고 지지하려는 마음이 조금도 생기지 않을 수 있으며, 그런 자신의 모습에 실망할 수 있다. 그럴 수도 있다. 기도해보고 소리쳐 부르짖어도 시원치 않지만, 그래도 개척이다.

새로운 교회를 찾는 이들이 있다

지금도 이곳저곳을 떠다니며 교회를 찾는 이들이 있다. 기존 교회에서 새로움을 고민한 공동체를 찾는 이들이 있다. 진정 사랑하고 말씀을 의지하여 서로 손을 붙잡고 나아가는 예배 공동체를 찾는다. 당신은 지금 그 일을 하는 것이다.

공동체를 세워가는 기쁨이 넘치길 기도한다. 예배를 통해 변화하고 새로운 길을 찾는 이들에게 오아시스 같은 공동체를 세워가자. 숫자에서 자유하라. 다른 사람과 비교하지 말자. 지금 세워가는 공동체는 세계에서 유일한 생명체다.

지칠 때는 쉬어가고
조급할 때는 멀리 보고
짜증 날 때는 소리라도 지르자.
그래도 개척이다.

이 길을 가야만 한다. 교회를 세우는 일은 사람을 살리는 일이며 생명을 구해내는 일이다. 개척의 현장에서 동역자들을 열렬히 응원한다.

교회를 낳는 교회

2024년 5월, 라이트하우스 해운대와 서울숲이 5주년을 맞는다. 오전에 부산에서, 오후에 서울에서 설교를 하며 시작했던 두 공동체는 코로나19 팬데믹 상황 속에서도 아름답게 부흥했다.

서울숲 공동체의 임형규 목사는 뛰어난 설교로 청년들을 감동시켰고, 해운대 공동체는 2년 반 동안이나 장소없이 광야를 통과하면서도 부흥했다.

교회를 낳는 분립

5주년을 맞는 두 공동체는 곧 분립을 앞두고 있다. 라이트하우스무브먼트에서 개척은 계속 해왔지만, 분립은 처음이다. 해운대는 인근 양산에, 서울숲은 홍대에 분립 개척한다.

분립 개척을 준비하는 과정에서 다시 한번 라이트하우스무브먼트의 철학을 깊이 묵상하게 되었다. 교회를 세우는 것과 성도 한 사람 한 사람이 교회로 사는 것이 우리의 핵심 가치다. 이 가치를 붙들고, 교회를 낳는 교회로, 교회를 세우는 교회로 살아가고자 한다.

그러나 분립은 쉽지 않다. 맨땅에 개척하는 것과는 또 다른 어려움이다. 일단, 성도를 보내는 일이 마냥 즐겁지 않다. 교회의 건강을 위한 일이라고 생각하지 않으면 할 수 없는 일이다.

"교회는 성도를 세우고, 성도는 자신이 살아가는 자리에 교회를 세운다"라는 라이트하우스무브먼트의 핵심 가치를 깊이 묵상하고 또 묵상한다.

묵상 끝에 깊은 감사가 올라온다. 개척 5년 만에 건강하게 사리 잡는 것을 넘어서 분립을 통해 교회를 낳는 교회가 된 것이 너무 기쁘고 감사하다.

라이트하우스 홍대의 담임목사는 라이트하우스 서울

숲에서 사역한 노원경 목사다. 이제 라이트하우스무브먼트에도 여성 담임 목회자가 세워져서 참 기쁘다.

노원경 목사는 선교에 뜨거운 열정이 있다. 그리고 그 열정으로 젊은이들을 인솔하여 매년 단기선교를 인도했다. 주를 향한 그의 마음이 얼마나 아름다운지 알고 있다. 그 마음으로 주님과 성도를 섬길 것이다.

라이트하우스 양산은 라이트하우스 해운대에서 사역한 임희원 목사가 준비한다. 임희원 목사는 몇 년 전에 이미 개척을 준비하고 부산으로 이사를 왔다. 개척을 준비하는 중에 라이트하우스 해운대를 방문했다가 만나게 되었는데, 아직 구체적인 개척 계획이 세워지지 않은 때였던지라 함께 사역하게 되었다.

임 목사는 찬양을 향한 열정이 뜨겁다. 찬양과 예배로 교회를 세우며 철저하게 라이트하우스의 정신을 붙잡으려고 단단히 준비하고 있다.

교회가 교회를 세우는 꿈을 5년 차에 이루게 되어 너무 기쁘다. 특히 라이트하우스무브먼트을 시작하면서 첫 개척교회로 함께 시작했던 해운대와 서울숲이 5년 만에 함께 분립하게 된 것이 더욱 특별하게 느껴지고 감사하다.

지금까지 라이트하우스로 26곳에 교회가 세워졌다. 앞으로 계속해서 새로운 교회들이 세워지고, 그 교회들이 다 성도를 교회로 세우는 교회, 교회를 낳는 교회로 성장해 가기를 바라며 기도한다.

세 분의 목사님이 찾아오셨다.

사십 대 초반의 교회 개척을 한 지

얼마 안 된 분들이었다.

앉자마자 "교회를 계속해야 합니까?

교회를 내려놓아도 되는 때는 언제입니까?"를 묻는다.

당연히 나도 답은 모른다.

스물여섯 교회를 준비하고 개척해도

매번 쉽지 않다.

그러나 한 가지는 안다.

건강한 교회를 꿈꾸는 목회자들의 무릎으로

좋은 교회가 시작된다는 사실을 말이다.

이 시대에도 교회는 심기고 개척되어야 한다.

동역자들과 한 가족이 되어

함께 개척을 해나가는 일은

너무 큰 축복이다.

주께서 이렇게 빠른 속도로

교회를 확장해 가실 줄은 꿈에도 몰랐다.

그러나 그저 그분이 하시기에,

따라가는 발걸음이 즐겁다.

개척의 자리는 그런 것 같다.

정해진 길이 없고 갈 수 있는 힘이 없어도

그저 주를 바라보고 따르는 것.

그래도 교회는 심겨야 한다.

영광스러운 주의 교회는 이 땅에 계속 필요하다.

새롭게 세워지는 교회가 시대적인 사명이다.

함께함이 힘이기에

그저 국밥 한 그릇을 나눌 수 있길 바란다.

국밥을 넘기며 새로운 희망을 볼 수 있었으면 좋겠다.

당신을 부르신 이가 오늘도 무엇인가를

이루어가고 계신다.

이제 라이트하우스무브먼트는 만 5년이 되었다.

기적같이 왔지만 아직 어리고 약한 부분 투성이다.

우리는 본이 될 수 없다.

그저 이 길을 함께 가는 형제일 뿐이다.

당신의 개척의 길을 응원하고 기뻐하며

함께 그 길을 갈 뿐이다.

오늘도 교회를 보며 심장이 뛰길

그리고 그 교회가 예수의 심장으로 새롭게 일어서길

간절히 기도하며 기대한다.

PLANTING SEED

플랜팅 시드 : 교회를 심는다

| 초판 1쇄 발행 | 2024년 5월 14일 |
| 초판 2쇄 발행 | 2024년 5월 20일 |

| 지은이 | 홍민기 |

펴낸이	여진구
책임편집	이영주 박소영
편집	최현수 안수경 김도연 김아진 정아혜
책임디자인	마영애 | 노지현 조은혜 이하은
홍보·외서	진효지
마케팅	김상순 강성민	마케팅지원	최영배 정나영
제작	조영석 허병용	경영지원	김혜경 김경희

303비전성경암송학교 유니게 과정
이슬비전도학교 / 303비전성경암송학교 / 303비전꿈나무장학회

| 펴낸곳 | 규장 |

주소 06770 서울시 서초구 매헌로 16길 20(양재2동) 규장선교센터
전화 02)578-0003 팩스 02)578-7332
이메일 kyujang0691@gmail.com   홈페이지 www.kyujang.com
페이스북 facebook.com/kyujangbook   인스타그램 instagram.com/kyujang_com
카카오스토리 story.kakao.com/kyujangbook
등록일 1978.8.14. 제1-22

ⓒ 저자와의 협약 아래 인지는 생략되었습니다.
이 출판물은 저작권법에 의해 보호를 받는 저작물이므로 무단 전재와 무단 복제를 할 수 없습니다.

책값 뒤표지에 있습니다.
ISBN 979-11-6504-528-9 03230

규 | 장 | 수 | 칙

1. 기도로 기획하고 기도로 제작한다.
2. 오직 그리스도의 성품을 사모하는 독자가 원하고 필요로 하는 책만을 출판한다.
3. 한 활자 한 문장에 온 정성을 쏟는다.
4. 성실과 정확을 생명으로 삼고 일한다.
5. 긍정적이며 적극적인 신앙과 신행일치에의 안내자의 사명을 다한다.
6. 충고와 조언을 항상 감사로 경청한다.
7. 지상목표는 문서선교에 있다.